知的生きかた文庫

明智光秀の生涯

外川　淳

三笠書房

人物相関図から読み解く光秀の波瀾の生涯

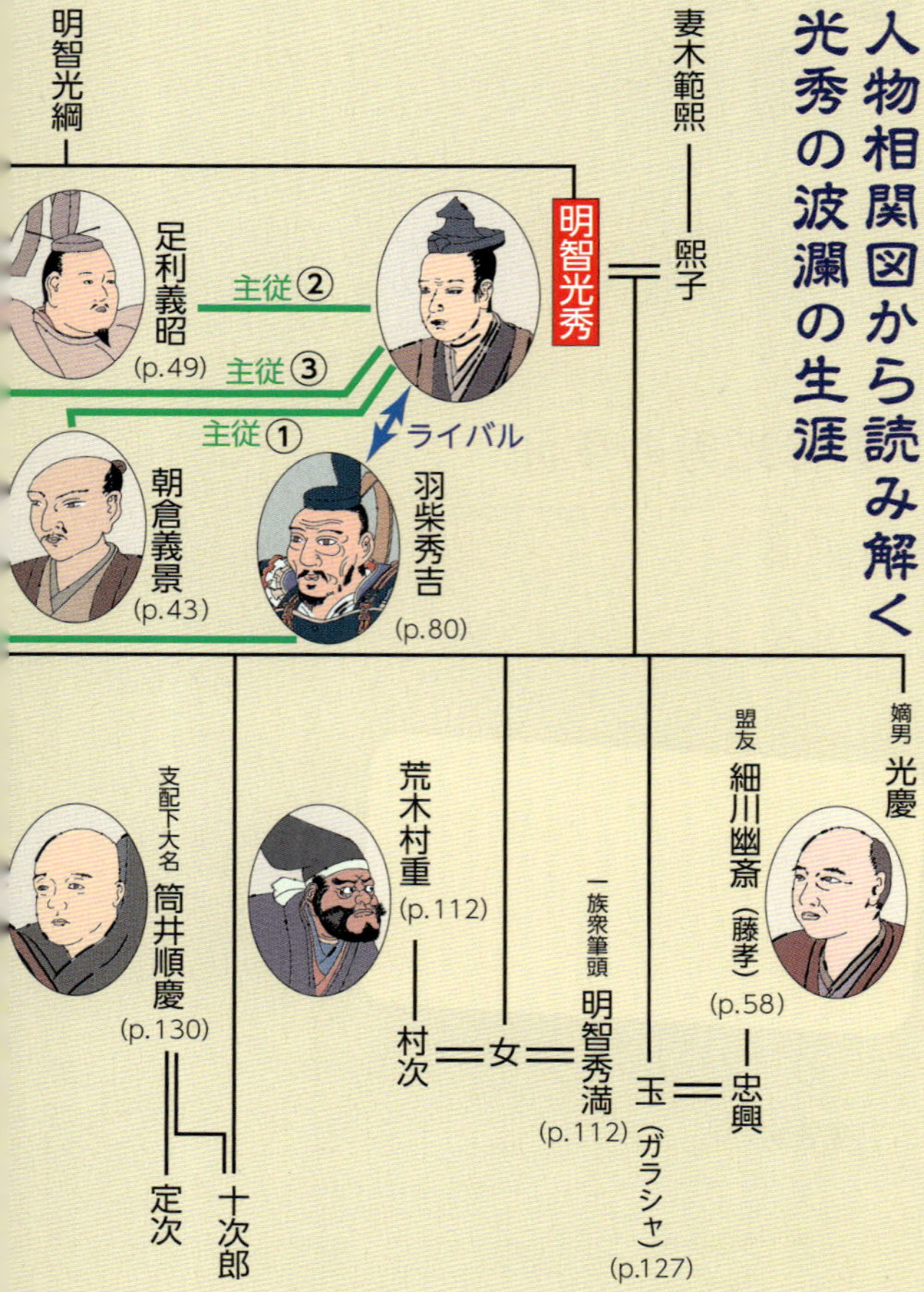

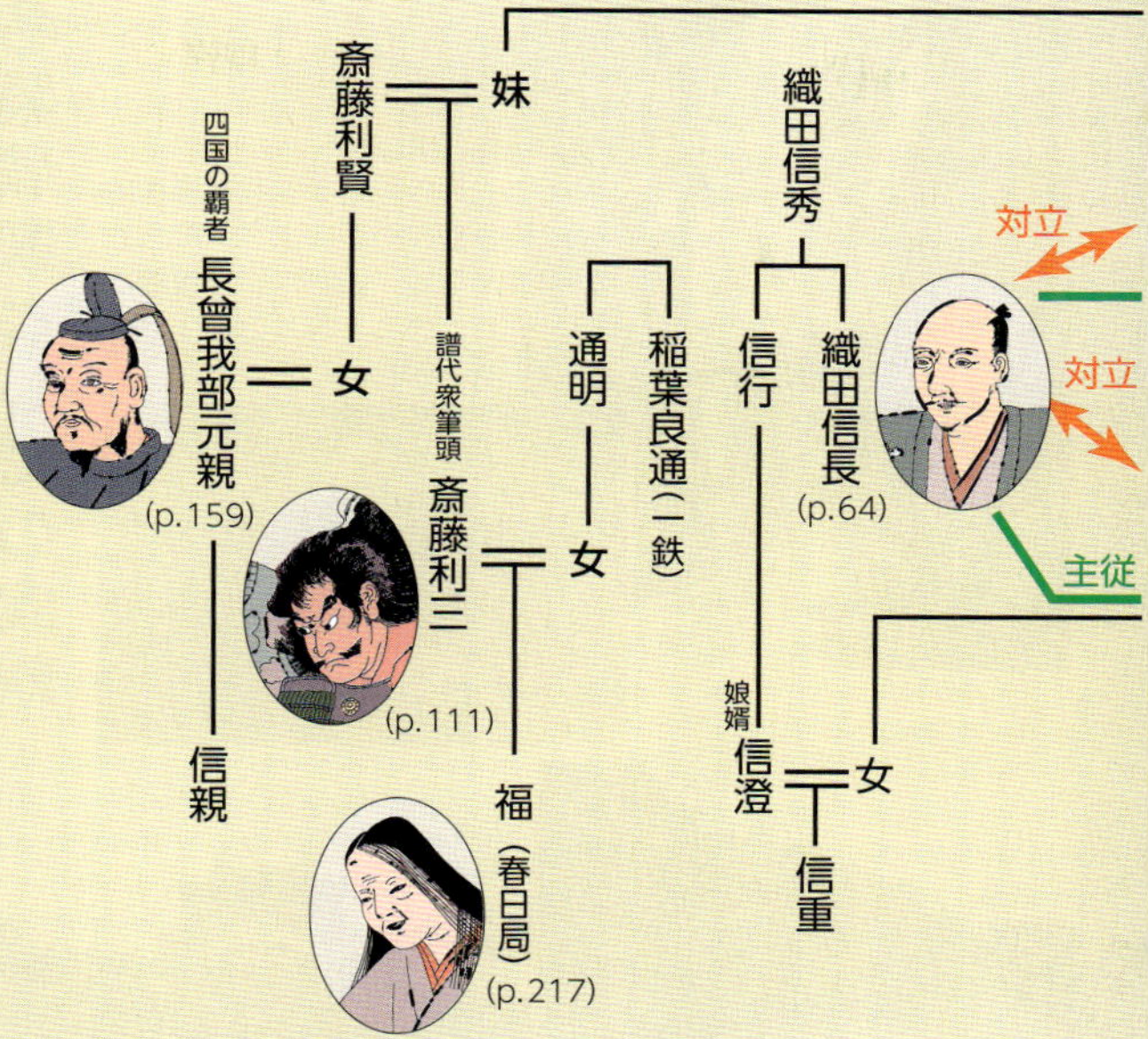

光秀は、正室の熙子《ひろこ》と側室との間に、六男七女をもうけたとされる。男子は、筒井氏をはじめ、有力な大名家や家臣との間に養子縁組を締結。女子は、細川忠興《ただおき》や織田信澄《のぶずみ》らに嫁がせ、姻戚関係を生み出すことにより、強固な閨閥を築き上げた。
斎藤利三《としみつ》は、明智軍団の中核を担うとともに、長曾我部元親《ちょうそかべもとちか》へ姪を嫁がせ、閨閥のうえでも重要な役割を担った。

光秀の名築城家としての実績

■明智光秀石像
坂本城本丸の一角には、その雄姿を再現した石像が建立される

■坂本城
光秀の出世を支えた湖岸の要衝で石垣によって守られた堅城。山崎合戦で攻略されたのち、痕跡は地上から消去された

■丹波亀山城
壮大な水堀は鉄砲の射程距離を換算して設計された。「軍事のプロ」が造り上げた傑作

■福知山城
丹波北部を支配する拠点として築城。精密に積み上げられた石垣は見る者を圧倒。名築城家としての光秀の力量がわかる傑作

光秀ゆかりの天下屈指の堅城

縄張り図から読み解く名築城家の手腕

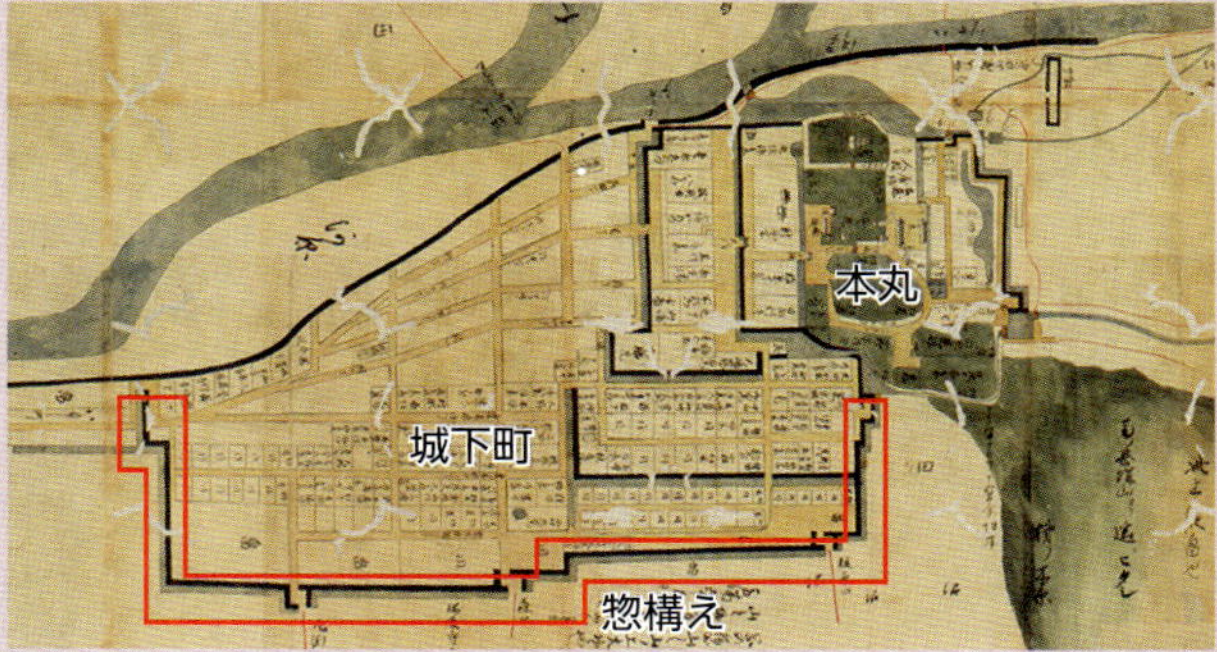

福知山城では、城下町全体を防御する惣構えが築かれ、民衆との共生を目指す街づくりが推進された。縄張り図からは、農民や町民の生活向上を国造りの目的として掲げた光秀の先進性を読み解くことができる『丹波福智山城図』（国立国会図書館蔵）

地図でたどる光秀の華麗な出世街道

謎に包まれた光秀前半生の軌跡

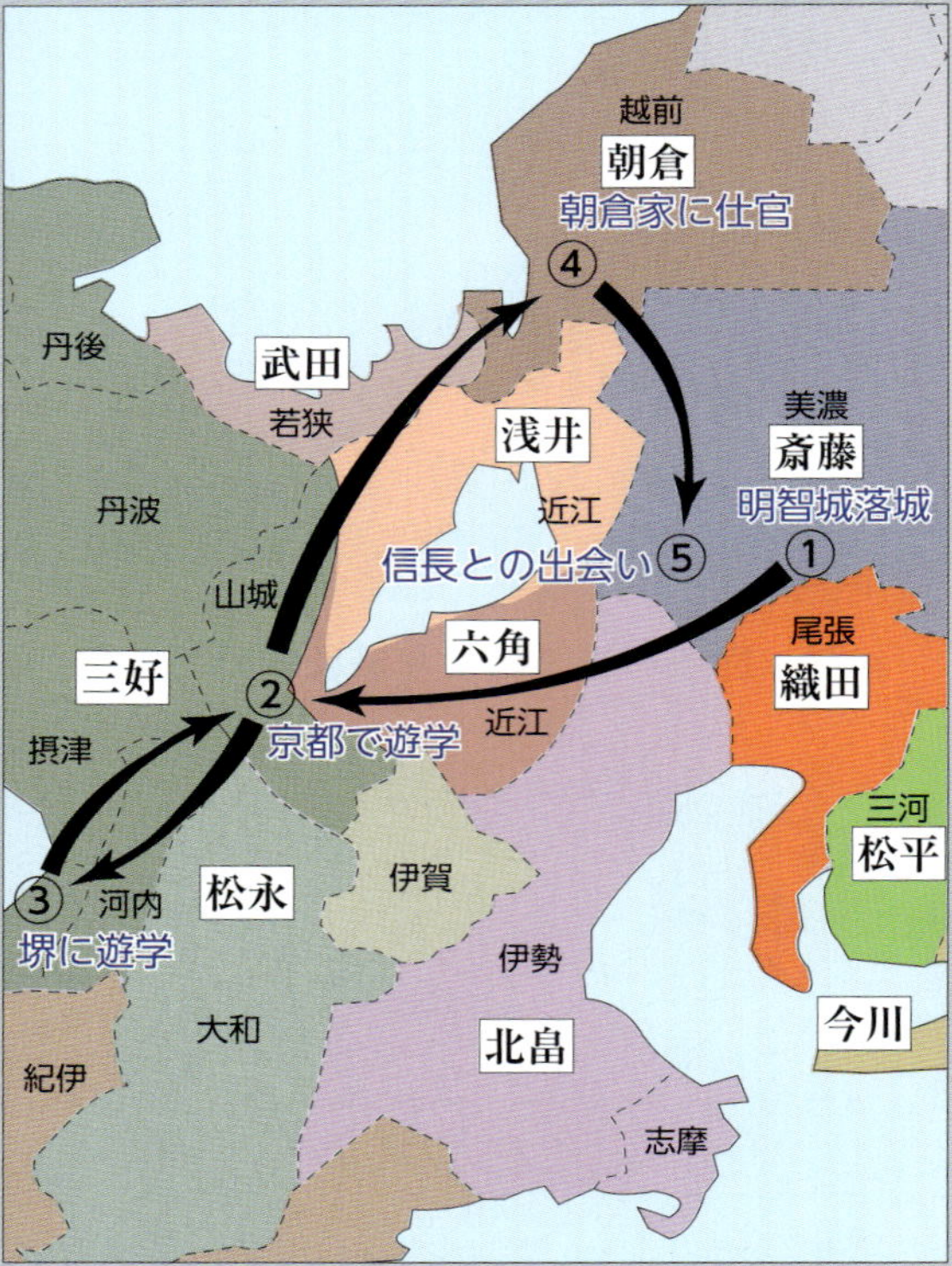

①長良川合戦の余波を受け、故郷を追われる ②禅宗系の寺院で学問の研鑽に励む ③先端都市堺で茶の湯や鉄砲発射技術を習得④客将として義景に仕える ⑤足利義昭の家臣として岐阜城下で信長に謁見。家臣に取り立てられる

「本能寺の変」前夜の支配圏

■本能寺の現況
明智軍の攻撃によって失われた本能寺の一角には石碑が立つ

光秀は、丹波一国と西近江の支配を信長から命じられた。また、丹後宮津城主の細川幽斎・忠興父子をはじめ、大和郡山城主の筒井順慶、摂津有岡城主の池田恒興らを統率する権限を信長から与えられた。そのため、支配する領域は百万石以上に達した

山崎合戦、天下分け目の決戦に挑む

明智軍と羽柴軍の布陣

■山崎古戦場
天王山の山腹に建てられた石碑。その周囲からは激戦地が俯瞰できる

① 明智軍は、羽柴軍に天王山を占拠され、不利な陣形を強いられる ②斎藤隊は、小泉川を渡って羽柴軍の先鋒部隊に猛攻を仕掛ける ③兵力の差は埋めがたく、津田隊や伊勢隊の陣形が崩れると、戦線の維持は困難となる ④光秀は勝龍寺城を拠点にして羽柴軍を迎撃しようとしたが、逃亡兵の続出により、丹波亀山城への撤退を決意

はじめに

「天下布武」を目指した織田信長。
「天下統一」という偉業を達成した豊臣秀吉。
「天下泰平」の世を切り開いた徳川家康。

彼らは、戦国乱世という舞台において、〝主役〟としてのポジションを演じ続けた。

武田《たけだ》信玄《しんげん》、上杉謙信《うえすぎけんしん》、伊達《だて》政宗《まさむね》、毛利《もうり》元就《もとなり》。彼らは、天下を望みながらも、その夢を果たせなかった。そのため、主役クラスに匹敵する〝脇役〟だった。

前田《まえだ》利家《としいえ》、山内一豊《やまのうちかずとよ》、山本勘助《やまもとかんすけ》、直江《なおえ》兼続《かねつぐ》、黒田《くろだ》官兵衛《かんべえ》、真田《さなだ》昌幸《まさゆき》・幸村《ゆきむら》父子は、天下を望むことなく、自身のポジションを脇役として認知しながら、その名を歴史に刻んだ。

彼らは、歴代のNHK大河ドラマにおいて、主役として描かれた戦国武将たちである。大河ドラマは、平成14年（2002）放送の『利家とまつ～加賀百万石物語～』以来、信長、秀吉、家康をあえて脇役にし、歴史的には脇役ポジションとして扱われてきた戦国武将たちを主役とする傾向にある。

直江兼続が主役として抜擢された『天地人《てんちじん》』(2009年放送)。その知名度の低さから、当初は視聴率を危ぶむ声も強かった。だが、子役によって序盤を盛り上げるという王道的手法が功を奏し、大河ドラマ支持層の心を放すことはなかった。また、直江兼続が主役に選定されるまでには、ドラマの原作小説が新聞に連載され、新潟県と山形県が協力して、関連史跡の整備を進めるなど、地道な努力が積み重ねられていた。


令和2年(2020)放送の大河ドラマ『麒麟《きりん》がくる』では、明智光秀が主役に選ばれた。信長に謀叛《むほん》を起こし、そして秀吉によって打倒され、敗者となった光秀。歴史において彼が果たした役割は、脇役もしくは敵役に過ぎなかったかもしれない。だが、光秀は、信長の家臣として仕えながらも、自身が天下人となることを夢想し、絶好のチャンスを逃さず、「三日天下」といえど天下を奪い取った。

それまで光秀は、多くの苦難に直面しながらも、優れた知略により、逆転への決断を導き出してきた。今までの固定的概念からすれば、脇役や敵役に過ぎなかったかもしれないが、その生涯にスポットライトを当てれば、主役にふさわしい履歴を積み重ねてきたことがわかる。

敗者から学ぶ教訓は、敗因を知ることにより、勝因を理解するという消極的な意味合いが強い。いわば、光秀のような敗者は、これまで勝者の引き立て役として俎板《まないた》に載せられ続けてきた存在だった。

勝者の視点に立つならば、歴史の必然的な流れは「結果」が導き出すものであり、敗者は敗れるべくして敗れたのかもしれない。

だが一方で、歴史は、様々な偶発的要素によって結果が決まり、別の要素が加われば、まったく逆の結果になっていた可能性も残す。であれば、勝者だけでなく、敗者の視点に立つことも、歴史の真実を知るうえでは不可欠な見方だろう。

光秀の生き方から、令和に生きる私たちが学び得ることは決して少なくない。

外川　淳

もくじ

第2章

乱世の演出者たちとの出会い

朝倉仕官をきっかけに足利義昭に接近、戦国乱世の表舞台へ

第3章

覇王信長に仕える

主君の合理主義を見抜き、有能な手駒に徹して出世街道を驀進《ばくしん》

第4章

坂本築城

信長の戦略に違和感を覚えながらも、結果を出し信頼を高める

第5章

丹波攻略

難攻不落の八上城を制圧。「一国一城の主」へ!

第6章

各説検証：信長襲殺への道

使い捨てにされる苦悩と焦燥——光秀を謀叛に駆り立てたものとは？

第7章

本能寺の変

天下簒奪の好機到来、知将光秀が動く！

第8章

山崎合戦

秀吉との最後の戦いに敗れるも、死して天下に名を留《とど》める！

企画協力：地人館、章扉イラスト：茂本ヒデキチ、図版制作：澁川泰彦㈲フレッシュ・アップ・スタジオ）

第1章

謎に満ちた前半生

明智の傍流家系に生まれるも、学問に励んで飛躍の好機を窺う

抹消された前半生の謎に迫る

明智光秀は、謎の多い人物である。

生年月日や生まれた場所、そして父親の名前もわかっていない。一般には、美濃《みの》出身（現在の岐阜県）とされるが、若狭《わかさ》（同福井県）の刀鍛冶《かたなかじ》の次男として生まれたという伝承もある。

織田信長や徳川家康のように、父親の代からそれなりの地位にあった戦国武将であれば、信頼できる史料により、生年月日と生誕地が確認できる。しかし、光秀のように、ゼロから身を起こし、卓越した能力によって出世街道を突き進んだ人物の場合、生年月日と生誕地が特定できないことが少なくないのである。

だが、それだけではない。

何より、光秀の前半生を迷宮入りにした最大の理由が「本能寺の変」である。

光秀は本能寺の変で、主君の信長を殺害したため、謀叛人《むほんにん》とみなされることになった。ゆえに、光秀を討伐した豊臣秀吉が天下人として君臨した時代には、彼の存在はタブー視され、血縁者や縁戚関係にある者たちは、出生などの事実を隠さざるを得なくなった。これが、光秀が信頼できる史料に記録される機会を失った理由である。

時は過ぎ、豊臣の天下が崩壊し、家康が幕府を開くと、光秀の謀叛人としてのレッテルは薄められていった。すると、「わが村こそ、光秀様が生まれた場所」という伝承が生まれ、また、その生涯が伝記として記録されるようになった。

光秀の生涯を記述した『明智軍記《あけちぐんき》』。戦国時代の合戦や武将をテーマにした「軍記物」の代表例だが、筆者はわかっていない。ただし成立年代は、光秀の死から100年以上の歳月が経過した元禄《げんろく》年間（1688～1704）と推定されている。

この『明智軍記』には、信頼できる史料によって、事実と確認できる記述もある一方で、完全に否定される記述も認められる。さらには、信頼できる史料では確認できず、筆者によるフィクションなのか、歴史的に正しい事実なのかが不明な記述も存在する。つまり、『明智軍記』のような軍記物では、現代における歴史小説と同様に、一定の史実に基づきながらも、多少のフィクションが追加されたのであろう。

ところで歴史学においては、その時代に記録された書状や日記など、信頼できる文献を「一次史料」と称し、史実を解明するデータとして活用する。対して、軍記物のように、時代が経過してから成立した文献は「二次史料」と称され、フィクションが含まれることを前提とし、あくまでも伝承の一つとして認識すべきことが説かれる。これは、大学の歴史学では、初歩として徹底的に教え込まれる概念だ。

しかし、本書で取り扱う光秀については、前述の通り生年月日や生誕地がわからない。前半生における一次史料が完全に失われているのだ。

そこで本書では、『明智軍記』をはじめとした二次史料も一つの目安として参考にしながら、厚いベールに覆われた前半生を解明したい。

光秀は、生まれた時点において、戦国大名家に生まれた御曹司《おんぞうし》たちと比較すると、大きなハンディを負っていた。それでも、学問を身に付け、実社会において生かすことにより、ハンディを克服することができた。光秀の前半生には、現代にも通用するどんな苦境にも耐え、逆転への道を切り開くための真理が秘められているのだと思う。その生涯を知る意義は深い。

光秀は明智氏の直系ではなかった⁉

永禄《えいろく》10年（1567）秋、光秀は足利義昭《あしかがよしあき》が派遣した使者として信長と折衝《せっしょう》した。このことは、一次史料に記されている（交渉の経緯や意味は第2章で詳述）。だが、それ以前の生涯については、一次史料にない。

そのため、歴史研究者の著作では、諸説をあげながら、推論を示すことさえもなく、一次史料で確認できる後半生から、本格的な論考が開始されるというパターンが多数を占めてきた。前半生については「美濃出身であることは確実視されるが、生誕の地、生年月日、父親の名前は諸説分かれる」といった表現で片付けられてきたのである。

だが、一人の人物の実像に迫ろうとするとき、「どのような前半生を過ごしたか」というテーマに関心を抱くのは当然のことだろう。そこで、光秀の出自を考察する前段として、まずは美濃源氏《みののげんじ》や土岐氏《ときし》の歴史について追ってみたい。

「らいこう」と異称された源《みなもとの》頼光《よりみつ》。清和《せいわ》源氏《げんじ》勃興《ぼっこう》の基礎を築いた名将として知られ、その子にあたる頼国《よりくに》の子孫が美濃国《みののくに》土岐に移住したことから、土岐氏が発祥したと伝えられる。南北朝動乱の時代において、土岐氏は足利方に属して立てた戦功により、美濃守護に任命され、以後、守護として国内を統治した。その過程において、土岐一族は、国内各地の領主として配置され、その土地の名前を姓とすることになった。多治見《たじみ》氏、妻木《つまき》氏、肥田《ひだ》氏、小里《おり》氏、石谷《いしがや》氏、徳山《とくやま》氏、高井《たかい》氏などがその代表例であり、明智氏もまた、守護の土岐氏の子孫が明智の地に移住した際に、明智姓を名乗ることによって発祥した。

なお、美濃国内には、明智という地名は、現在の恵那《えな》市と可児《かに》市の2カ所にあり、光秀は可児市の明智出身である可能性が高いとされる。

光秀は、信長の家臣として出世してから、土岐氏の明智一族であることを公称した。そのことは、一次史料によって確認される。とはいいながら、光秀による詐称を記録した可能性も、否定はできない。

私は「光秀は明智一族の出自であったが、直系ではなく、傍流の家に生まれたので

美濃源氏の系譜

- 清和《せいわ》天皇
  - 貞純《さだずみ》親王
    - 源経基《つねもと》
      - 満仲《みつなか》
        - 頼信《よりのぶ》
          - 頼義《よりよし》
            - 義光《よしみつ》
              - 義清《よしきよ》 … 武田信玄
              - 義業《よしなり》 … 佐竹
            - 義家《よしいえ》
              - 義国《よしくに》
                - 義康《よしやす》
                  - 義兼《よしかね》
                    - 義氏《よしうじ》
                      - 泰氏《やすうじ》
                        - 頼氏《よりうじ》 … 足利尊氏
                        - 家氏《いえうじ》 … 斯波《しば》
                      - 長氏《ながうじ》 … 今川
                    - 義純《よしずみ》 … 畠山
                  - 義清《よしきよ》 … 細川
                - 義重《よししげ》
                  - 義季《よしすえ》 … 徳川家康
                  - 義兼《よしかね》 … 新田義貞
                  - 義範《よしのり》 … 山名
              - 義親《よしちか》 ― 為義《ためよし》 ― 義朝《よしとも》 ― 頼朝《よりとも》
        - 頼光《よりみつ》 ― 頼国 ― 国房 ― 光国 ― 土岐《とき》光信 ― (4代略) ― 明智頼兼 ― (6代略) ― 光継 ― 光綱 ― **光秀**

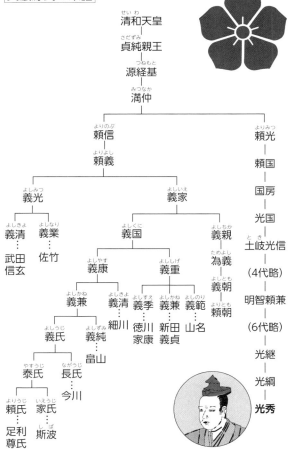

はないか」と想定している。さらに、大胆な推理を加えると、「明智城（可児市）の城主を務める明智氏の直系ではなく、家臣として城主に仕え、明智の姓を名乗ることを許された傍流の家に生まれた」とする説を提起したい。

戦国時代、城主は家臣との結束を強化するため、縁戚関係を結び、系図を書き改めることによって、自分と同じ姓を与えてきた。光秀の父や祖父は、主君に忠実に仕えたため、明智城主の明智氏から明智の姓を与えられたのではないだろうか。

光秀の父親の名前は、光綱《みつつな》が有力視されるものの、光国《みつくに》や光隆《みつたか》ともされ、定かでない。これこそ、本城主から明智姓を与えられた〝傍流〟であるのにもかかわらず、城主クラスの〝直系〟に偽装しようとしたことによる混乱とみなすこともできよう。

光秀の名前が記載された系図は、江戸時代になってから何種類か作成されたが、もしも、光秀が明智城主の直系に生まれていれば、系図の混乱は生じなかったに違いない。いくつもの系図が存在すること自体が、傍流に生まれながら、直系に結びつけようとしたことに起因し、しかも、光秀が本能寺の変を起こし謀叛人とされたことが、その出自を不明にする決定的な一因となったのである。

定説よりも10歳以上年上だった?

『明智軍記』によると、光秀は、享禄《きょうろく》元年（1528）に生まれ、天正《てんしょう》10年（1582）、55歳で自害したとされる。天文《てんぶん》3年（1534）生まれの信長より、6歳年長にあたり、同年の生まれには徳川家康の生母である於大《おだい》の方《かた》がいる。

『明智軍記』は、史料としての信頼性が低いとされながらも、これまで光秀の生年については、享禄元年前後説がなかば定説となってきた。

だが、近年『当代記《とうだいき》』の記述によって、永正《えいしょう》13年（1516）生まれとする説も提起されるようになっている。『当代記』は、寛永《かんえい》年間（1624〜1644）、徳川家康の孫にあたる松平《まつだいら》 忠明《ただあきら》によって編纂されたとされる。元禄《げんろく》年間（1688〜1704）成立の『明智軍記』よりも、編纂された時期が半世紀近くさかのぼることを重視すれば、『当代記』のほうが史料としての信頼性が高い、といえなくもない。

しかし、そうすると光秀は従来の推定年齢よりも、ちょうど一回りも上になり、光秀が歴史の表舞台に登場した永禄《えいろく》10年（1567）には、すでに52歳に達しており、信長への謀叛を決断したのは67歳のとき、ということになる。

はたして、そうだろうか。

確かに戦国時代には、北条早雲《ほうじょうそううん》や毛利元就《もうりもとなり》に代表される「大器晩成タイプ」も存在した。従来の光秀のイメージを消去し、12という年齢を足してみると、まったく違う姿を描くこともできるかもしれない。

とはいえ、光秀の活躍の軌跡を追ったときに、信長と出会った時期の光秀が、すでに当時の平均寿命にも近い、アラフィフだったとは考えにくい。そうではなく、働き盛りのアラフォーだったのではないか。そうでないと、様々な苦境に耐えながら、持ち前の知力、担力で死地を脱し、飛躍を遂げてきた姿と辻褄が合わないのである。

そこで本書では、享禄元年生まれという前提で、光秀の生涯を追ってみたい。

禅寺で少年時代を過ごし、飛躍への基礎を築く

光秀の父親は、わが子の将来を思い、学問や人としての生き方を学ばせるため、寺院に預けたと思われる。光秀は長男ではなく、次男以下として生まれたため、僧侶となることを前提に、寺に預けられたという仮説も成り立つ。

足利将軍家では、次期将軍としての立場が明確な嫡男《ちゃくなん》以外の子弟は、寺に預けられて僧侶となるという原則があった。

光秀の後半生に大きな影響を与えた足利義昭《よしあき》は、兄の義輝《よしてる》が室町幕府の第13代将軍となったことから、興福寺《こうふくじ》一条院《いちじょういん》で出家して覚慶《かくけい》と名乗った。兄の死後、義昭が還俗《げんぞく》（注：仏門に入った僧侶が僧籍を離れ、俗世に還ること）して将軍の座を目指したように、出家した子弟が御家《おいえ》の事情によって還俗するという流れは当時一般的なことであり、寺に預けられることが俗世との絶縁を意味するものではなかったのである。

光秀の後半生における活躍から判断すると、学問を基礎から身に付けていたことが読み取れる。つまり、たとえ光秀が明智氏の傍流であったとしても、あるいは出自が不明であったとしても、寺院で学問を習得できる程度の、一定以上の階層の家に生まれたことは間違いなさそうだ。これが、豊臣秀吉のように庶民階層の家に生まれていれば、寺院において初等教育を受けることはできなかったはずだ。

当時は、仏教の諸宗派のなかでも、禅宗系の臨済宗《りんざいしゅう》や曹洞宗《そうとうしゅう》の寺院は、京都の本山との交流が盛んであったため、文化の窓口であるとともに、教育機関としての役割も兼務していた。そのため、光秀は明智城周辺の禅宗系の寺院において、幼少年時代を過ごしたという仮説も成り立つ。

幼少年時代の光秀の研鑽の地として、光秀生誕の地が明智城周辺だったという仮説を基に、少年時代を過ごした寺院の候補を想定してみよう。すると、明智城周辺の寺院のなかでも、禅台寺《ぜんだいじ》を候補にあげることができる。禅台寺は明智城から西へ約3キロの立地にあり、臨済宗の寺院として鎌倉時代に創建されている。

このように考えていくと、不明とされた光秀前半生の姿も、イメージできるのだ。

秀逸な一句からもわかる教養の高さ

ときは今　あめが下《した》しる　五月《さつき》かな

この句は、光秀が信長への謀叛を決意した句として名高い。

天正10年（1582）5月28日（24日説もあり）、光秀は愛宕山《あたごやま》の威徳院《いとくいん》を舞台に、連歌《れんが》の会を挙行した。その発句（連歌の最初の句）が右の「ときは今」だった。

結果として、この句は光秀の激烈な生涯の最末期に創作された句となった。その生き方や教養の高さを象徴する一句なので、あえて本項で取り上げたい。

この頃、俳句はまだ存在していなかったものの、この句には季節の情感が巧みに読み込まれ、俳句としても成立する秀逸な一句だと思う。

しかも、この句の「とき」は自身が美濃守護の土岐一族であることにかけ、「したしる」には天下に下知《げち》（統治）するという意味を込めたとされる。季節の情感を表現しながらも、自身が天下取りの野望を抱いていることを十七文字のなかで見事に表現しつつ、さらにそれまで歩んできた人生の集大成の意味も込めた。光秀の文学的素養の高さが窺いしれる、類いまれな作品といってよいだろう。

ところで、連歌は鎌倉時代に発祥し、室町時代に最盛期を迎えた。日本文学史において重要な意味を持ち、代表的なところでは『菟玖波集《つくばしゅう》』などの連歌集が存在したことを知る人も多いだろう。だが、和歌や俳句のように代表的な作品がすぐ幾つか浮かぶ、という人ははたしてどれほどいるだろうか。

そうしたなかで「ときは今」の句は、戦国時代に興味があれば、一度は目にし、語呂のよさも手伝い、十七文字として記憶しやすい。そのため、この句は「もっとも多くの日本人によって親しまれた連歌」という側面ももつ。

連歌は、公家、僧侶、戦国武将たちによって愛された教養的な娯楽だった。原則として五七五、七七、七七と続いたのち、五七五に戻りつつ、列席者が句を読み続けた。列席者には、和歌に対する広範な知識が求められるとともに、その場の状況に応じた

和歌から連歌を経て俳句が発祥するまで

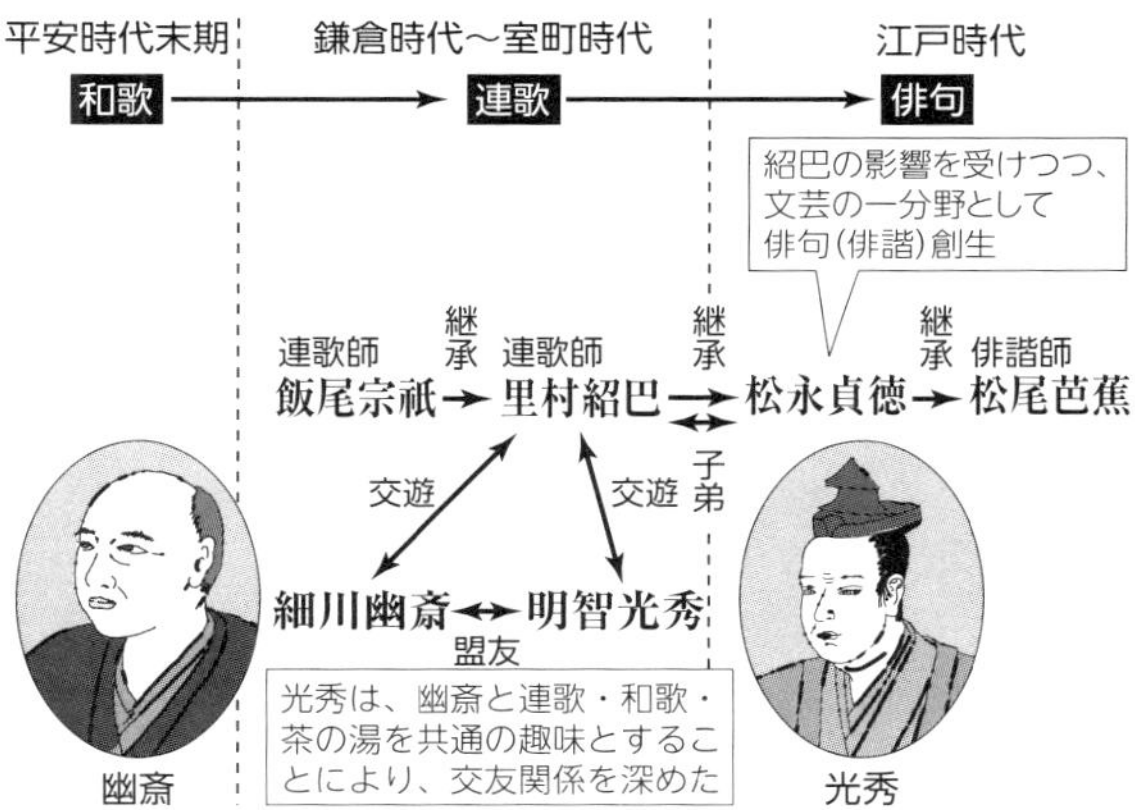

機転も求められたのである。

光秀は、和歌の道をこよなく愛するとともに、連歌の会に参加することで、その文学的素養を武器に、広範な人脈を形成したのではないかと思われる。

連歌の会は、かつては政財界の大物が参加するゴルフコンペにたとえられたこともあった。プレイを楽しみながら蘊蓄《うんちく》を傾け、人間関係を深めるという意味では、共通点があったのも事実だろう。現在では、アニメやゲーム、映画など、特定の分野に特化したオタクたちのオフ会にたとえると、実態を理解しやすいかもしれない。

連歌の会では、主催者の好みや技量によ

って方向性が異なることが常だった。光秀の場合は、参加者に合わせながら、自身の存在もアピールしつつ、人脈を拡大していったのではなかろうか。

当然のことながら、光秀が生きた時代には、パスポートや運転免許証、マイナンバーカードといった公的な身分証明書は存在しなかった。室町幕府の中央政権としての権威が揺るぎなかった時代には、出自を偽装すると、発覚する確率が高かったが、戦国乱世になると、地方の名族を名乗っても、それを証明できる術《すべ》がないのと同様、詐称を摘発することもできなかった。

そうした時代背景にあって、光秀は、真実か否かは別にして、自分が土岐源氏の名族である明智氏の一族であることを、相手に信じ込ませるだけのものがあったということだ。和歌をはじめとした教養の高さは、その武装に大いに役立ったであろう。

仮に光秀が出自を詐称していたのなら、明智の一族ではないことが絶対に相手に露見することのないよう、一分の隙も見せないほどの綿密な筋書きを設定し、確実に実行に移したに違いない。

戦国屈指の教育大国、美濃で学ぶ

戦国時代の美濃は、多彩な名僧を輩出した。

美濃は海に面していない半面で、多くの国と境を接していたため、交通の要衝としての役割を果たした。京都から発信される文化の東国との接点となったことは、卓越した名僧を育む地理的背景となったのである。

また、戦国時代の美濃の寺院は、教育機関としての役割も兼ね備え、そこで多くの人材を育成した。その代表例としては、豊臣秀吉に軍師として仕えた竹中半兵衛《たけなかはんべえ》や、織田信長の側近として尽くした森蘭丸《もりらんまる》（乱丸）らがあげられる。

戦国大名は、仏の教えのみならず、学問を極め、和歌や茶道など、多彩な芸術的分野に精通した僧侶を「三顧《さんこ》の礼」によって招聘《しょうへい》した。天下に名高い高僧を招聘することにより、文化的レベルの向上が推進されるとともに、その存在は戦国大名にとってステータスシンボルともなった。高僧たちは、戦国武将たちの内面的なアドバイザーであるとともに、その子弟の教育係として重要な役割も果たしたのである。

のちに独眼竜《どくがんりゅう》の異名で畏怖《いふ》された伊達政宗《だてまさむね》。その人格形成に多大な影響を与えた臨済宗の僧侶虎哉宗乙《こさいそういつ》は、美濃出身だった。出羽《でわ》米沢城主だった政宗の父・輝宗《てるむね》は、虎哉に嫡男の養育を託した。虎哉は内向的だった政宗の性格を見抜き、広範な知識を授けながら、戦国武将にふさわしい人格形成をしたとされる。その背景には、我が子に最良の教育環境を与えようとした輝宗の父親としての思いがあったと評価できる。

「心頭滅却すれば火もまた涼し（心を無の状態にすれば、火中にいたとしても熱くはない）」の名言で知られる快川紹喜《かいせんじょうき》もまた、弟子の虎哉と同じ美濃出身であり、土岐一族の出身と伝承される。

快川は、京都妙心寺《みょうしんじ》で臨済禅を学んだ。天文22年（1553）、武田信玄からの熱心な招きに応じて、甲斐へ移り住んだが、3年後には故郷美濃の崇福寺《そうふくじ》へ戻った。永禄7年（1564）11月、信玄の熱心な求めに応じ、ふたたび恵林寺《えりんじ》の住職となった。

快川は信玄の葬儀を務め、武田家の新しい当主となった勝頼からも、深い尊崇を受

光秀が生まれ育った美濃

光秀生誕の地は、美濃国内にいくつも伝承される。そのうち、もっとも有力視されるのが、②の可児明智であり、明智城内もしくは、城下で誕生したと想定される

可児明智城　光秀生誕が伝承される有力地。本丸跡には柵が復元され、戦国城郭らしさが演出されている

けた。天正10年(1582)、勝頼が覚悟の自害を遂げると、快川は恵林寺で勝頼の葬儀を行った。

織田信長は、正親町《おおぎまち》天皇からも尊崇を受けた快川に対し、はじめは礼を尽くそうとした。だが、快川が元観音寺城主の六角義賢《ろっかくよしかた》の受け渡しを拒否すると、信長は態度を一変させ、快川を捕らえて山門に閉じ込めた。そして、山門の周囲に枯れ草を積み上げ、火をつけて焼き殺した。対する快川は、先の「心頭滅却」の名言を残し、信玄の待つ世界へと旅立ったのだった。快川の死の2カ月後、信長は本能寺の変に遭い、炎に包まれながら自害を遂げた。人々は、快川を殺した因果応報だとささやいたという。

少年時代の光秀が、快川の教えを受けた可能性はある。少なくとも、その弟子にあたる僧侶から、学問や人としての生き方を教えられたとしても不思議ではない。

光秀の学問の素養の深さから判断すると、ある程度の学識と人格をもった僧侶が学問の師として大きな影響を与えたのではないか。だが光秀の師は、謀叛人の師としての経歴を不名誉に思ったのか、その存在は歴史の闇に埋没したままである。

長良川合戦で故郷を追われ「自分探しの旅」へ

下剋上によって美濃一国を手に入れた斎藤道三《さいとうどうさん》。謀略を駆使して成り上がったことから、「蝮《まむし》の道三」とも畏怖された。光秀の叔母が道三の正室という説に従えば、光秀にとっては義理の叔父という縁戚関係にあったことになる。ただし、光秀は城主の家臣の子として生まれたという前提に立てば、道三と縁戚関係にあったとは思われない。

天文21年（1552）、道三は美濃守護の土岐頼芸《ときよりあき》を追放して、名実ともに美濃一国の主となり、「国盗り物語」を完結させた。その後は、美濃国主の座を嫡男の義龍《よしたつ》に譲り渡し、隠居となったが、なかなか実権を手放そうとはしなかった。

義龍は、そんな父親を疎ましく思い、その影響力を排除しようとしたのである。義龍の反抗的態度を察知した道三は、義龍とは異母弟にあたる孫四郎《まごしろう》か、喜平次《きへいじ》を当主にするための多数派工作に着手した。

義龍は、弘治《こうじ》元年（1555）11月、二人の弟を殺害することによって先手を打った。さらに義龍は、2万人もの軍勢を集め、親子による血の相克劇を優勢に進めたとされる。ただし、記録上の兵力は誇張されており、実際には5000人程度だったのではないかと思われる。

対する道三は、義龍が本拠を構える稲葉山城《いなばやまじょう》とは、長良川を挟んで対岸に位置する鷺山城《さぎやまじょう》に立て籠もったが、駆け付けた兵力は義龍方の10分の1だった。

両軍は、長良川を挟んで対陣。弘治2年4月20日、義龍軍が圧倒的な兵力差を利して長良川を渡って道三軍に攻撃をしかけた。道三軍は善戦したものの、圧倒的な兵力差は埋められず、道三は討ち取られた。長良川合戦は、開始される前から勝敗の行方が決まっていた、戦国史上稀有な合戦だったといえよう。


光秀の父・光綱は、長良川合戦に道三方として参戦していた。本拠の明智城へ逃げ戻ったが、義龍に攻められ、城を枕に覚悟の自害を遂げた。光綱は、光秀には落ち延びて明智家を再興するように遺命したという。そのため、光秀は故郷を追われ、諸国放浪の旅に出ることを余儀なくされたのである。

以上のストーリーが史実であれば、光秀は明智氏のなかでも、一城の主を務める直系の家に生まれたことを意味する。だが、光秀の系図は、複数の系統が存在し、そのいずれも真偽の判断がつかないことから、私は、光秀は明智城主の家臣の家に生まれたに違いないと想定した。


享禄元年（1528）誕生説に従えば、諸国放浪の旅に出たとき、光秀は29歳になっていた。それまで光秀は、明智城主の家臣という境遇に耐えていた。もしかすると、寺院において僧侶として研鑽の日々を過ごしていた可能性も指摘できる。

光秀は、長良川合戦ののち、明智城が陥落すると、それを人生の転機としてとらえた。たとえ、自分が明智城主の子や甥でなくとも、明智城陥落によって故郷を追われ、諸国放浪をしているといえば、自分が美濃源氏の名族である明智氏の直系であるように装うことも可能となったのである。

長良川合戦で蝮の道三が討死したことは、明智一族にとって苦境の到来となった。だが光秀は、苦境を逆にチャンスとみなし、「自分探しの旅」に出るのである。

光秀の苦境

中の下クラスの武士家に生まれた光秀。しかも、明智一族は、戦国動乱の渦中において、滅亡の危機に追い込まれた。このままでは、一族の滅亡と運命を共にしかねない逆境のなか、多感な青年時代を過ごした。

逆転への決断

光秀は、学問を習得し、実社会で活用することにより、身を立てようとした。戦国乱世であれば、武芸を極めることが出世への近道であった。だが、光秀は、知将となる道を選択することにより、逆転への糸口をつかもうとしたのだった。

✐POINT

信長や家康と比較すると、スタート時点で大きなハンディを負った。だが、寺院において学問に励むことにより、飛躍への基礎を築き上げた。戦国時代における美濃の教育水準の高さは、光秀が知将として活躍するための基盤となった。

第2章

乱世の演出者たちとの出会い

朝倉仕官をきっかけに足利義昭に接近、戦国乱世の表舞台へ

師を凌駕《りょうが》するほどの学識の高さ

『明智軍記』によると、光秀の諸国放浪の旅は、北は陸奥《むつ》（現在の青森県、秋田県、岩手県、宮城県、福島県の一部）から、南は薩摩《さつま》（同鹿児島県）へ及んだとされる。具体的な記述として、伊達氏の領地である陸奥大崎（同宮城県）、毛利領の安芸広島《あきひろしま》というように、光秀が放浪した行き先が列挙される。だが、その頃、伊達氏の本拠は出羽米沢（同山形県）であり、毛利氏の居城は吉田郡山（同広島県安芸高田市）だった。

この正確でない記述が含まれていることが原因で、『明智軍記』は信頼できない史料とされ、光秀が全国を放浪したという話も、後年の創作に過ぎないといわれる。光秀は、実際に放浪はしたが、そのエリアは畿内や東海エリアに限定されていただろう。

前述の通り、光秀は明智城陥落の時点で29歳になっていた。であれば、寺院での初等教育は終えているはずで、この頃には京都に拠点を移し、学問研鑽の日々を送っていたのではないか。というのも、光秀は、和歌をはじめとした和漢の学問を習得していくうちに、師を凌駕《りょうが》するほどのレベルに到達したはずであり、それを認めた師は、その才能をさらに伸ばすべく、京都の総本山への紹介状をしたため、光秀の学識が深まるような環境を整えたに違いないからである。

光秀は、のちに信長の家臣となってから、京都において朝廷や寺社との折衝役として活躍するようになる。その基盤は、家臣となる以前、京都で研鑽に励む日々によって築かれたのだろう。

彼は、美濃源氏の名族である明智氏の一族という肩書よりも、自身の学問への造詣の深さを武器に、連歌の会や歌会、茶会などの文化的イベントに参加し、人脈を徐々に築いていったのではなかったか。

室町時代後期から戦国時代にかけての京都では、和歌や茶の湯などの文化芸術に秀でた者は、出自を問われることなく、幕府関係者や公家たちが主催する交流のサークルに加わることが可能だった。これは、光秀のように野心を抱く者にとっては、好都合だったろう。こうして光秀は、20代から30代にかけて、その高い学識を生かし、京都を舞台に活動することにより、飛躍への基礎を固めていったのだ。

全身火傷《やけど》を負いながら、鉄砲の技術を習得

戦国時代の堺は、外国人宣教師によって「水の都ベニス」にたとえられたほど、日本国内の流通経済の中心地として繁栄していた。鉄砲の生産地としても独占状態にあり、また外国から輸入される火薬の集積地でもあったことから、戦国大名たちは堺の商人から鉄砲を購入することにより、自国の戦力強化を策した。堺の商人たちと取引を重ね、友好関係を結んでおくことは、戦国大名にとって武器の安定確保に直結し、自国存続のカギを握る重要事項だったのだ。

諸国放浪の旅に出た光秀。その足跡は堺に達し、京都を凌ぐほどの賑わいを見せる市街を巡り歩くことにより、会合衆《えごうしゅう》と称される商人たちの高い経済力を知るとともに、流通経済の仕組みをも理解したに違いない。

光秀は、いくつかの史料において鉄砲の名手だったと記述されている。後半生に、

鉄砲の特性を十分に理解して明智軍団を強化したという実績を踏まえると、諸国放浪の時代に、鉄砲に関する技術を習得したと想定して間違いないだろう。

ただし、戦国時代に必要とされたのは、的を正確に射貫《いぬ》く技量よりも、むしろ新兵器としての鉄砲についての知識だった。鉄砲は、火縄銃《ひなわじゅう》とも称されるように、火縄に着火した火種を引き金で操作することにより、火蓋から銃身の内部に装塡《そうてん》されてある火薬に投じられ、銃弾が発射されるという構造になっていた。そのため、現代の銃のように、安全装置を解除して引き金を操作すれば発射されるという単純な構造ではなく、銃身に火薬と弾丸を詰め、発射するまでの過程を習得するには、数カ月にも及ぶ訓練を必要とした。

織田信長が鉄砲の威力を理解し、天下布武《てんかふぶ》に向けて突き進む時代になると、鉄砲は大量生産されることにより、品質は向上しながら安定した。

しかし逆の見方をすると、光秀が鉄砲の技術を習得しようとしていた当時は、いまだ鉄砲の国内生産の技術は確立されておらず、品質の個体差も大きく、銃身の強度が十分でない粗悪品は暴発する危険さえあったのだ。

どんな武術にもある程度の危険はつきものとはいえ、鉄砲の危険度とは比較にならない。ひとたび鉄砲が暴発すれば、自分の顔さえ吹き飛ばされかねなかったからだ。

そこで鉄砲については、発射技術を競うよりも、鉄砲そのものの知識を身に付け、維持管理をする技術が重要になった。

光秀は、和歌や学問への造詣の深さを生かし、茶人でもある豪商に接近し、茶会や連歌の会の末席に連なることにより、交友関係を深めた。その過程で、豪商たちが傘下に従える鉄砲鍛冶や取引の担当者を紹介され、鉄砲に関する技術をマスターしたのではないかと想定できる。

光秀は、手や顔をはじめ全身に火傷《やけど》を負い、死の恐怖と闘いながら、鉄砲の名手としての技術を習得した。その一方で、当時の鉄砲は発射に30秒を要し、雨天では使用できず、20発以上発射すると暴発の危険が生じるなど多くの欠点があった。光秀は、こうした鉄砲の特性を熟知していたので、その効果的な使用方法や、鉄砲を中心にした部隊の創成と運用を考案していくのである。

鉄砲は、時代の流れを変化させうる最新のツールだった。光秀は、その操作方法をマスターし、運用方法を考案することで、飛躍への基礎を固めたのだ。

「北陸の覇者」朝倉義景の家臣として

一乗谷朝倉館《いちじょうだにあさくらやかた》を本拠とする朝倉義景《あさくらよしかげ》。その勢力範囲は、本国の越前にとどまらず、一向一揆と対立しながら、加賀の一部も支配下に加えた。また、若狭後瀬山《のちせやま》城主の武田氏や、北近江の浅井《あざい》氏とは攻守同盟を結びながら、傘下に従えた。そのため、義景は「北陸の覇者」としての地位を築き、禄高《ろくだか》百万石以上、総兵力3万人に達した。

ベールに包まれた前半生のなかで、光秀が一時期、越前で生活し、北陸の覇者義景に仕えていたことは、信頼できる史料によって確認されている。

天正元年（1573）、義景は織田軍の侵攻を受け、無念の自害を遂げた（朝倉氏の滅亡については第3章で解説）。このとき光秀は、服部七兵衛尉《はっとりしちひょうえのじょう》という武士に宛てた書状で、「竹」という人物の助命に貢献したことへ感謝の意を伝えた。竹がどういう人物であったかは不明であるものの、光秀が越前にいたとき、世話になった人物と想定されることから、一時期、越前にいたことが確実視されたのである。

『明智軍記』には、光秀が朝倉氏に仕え、辞するまでの経緯が次のように記される。

光秀は、明智城陥落後、越前国内へ亡命したのち、諸国放浪の旅に出た。越前に戻ると、一向一揆の戦いでの功績により、義景から家臣に取り立てられた。その後、義景の命により、北は陸奥から南は薩摩まで諸国を歴訪して帰国。その経験を生かし、朝倉家中で次第に頭角を現した。だが、義景が斎藤龍興《さいとうたつおき》の越前への亡命を許すと、光秀は越前を去り、信長に仕えたという。

光秀にとって、龍興の父である義龍《よしたつ》は、明智一族を離散へと追いやった不倶戴天《ふぐたいてん》の敵であり、その亡命を受け入れた義景を許すことができなかったとされる。

だが実際には、龍興は三好《みよし》氏を頼って畿内へ亡命しており、光秀と龍興が越前でバッティングすることはなかったようだ。つまり『明智軍記』の記述には、フィクションが含まれ、そのまま鵜呑みにすることはできない。ただし、諸国を放浪したのち、朝倉氏に仕えたことは、事実として認定できそうだ。

光秀の前半生は、いまだベールに覆われたままだが、義景の家臣だった確率が高まることにより、ようやく、その歩んだ道筋に光が差しかけてきたといえよう。

なぜ義景は天下を目指さなかったのか？

光秀は義景に対して、細川幽斎とともに、足利義昭を奉じて京都へ進撃し、天下に覇を唱えることを勧めた。だが、義景は北陸の覇者としての地位に安閑《あんかん》としていたため、光秀の進言を受け入れなかった。

義昭は、春日山城主の上杉謙信《うえすぎけんしん》と義景との提携関係を強めることにより、義景が上洛戦を実行できる環境を整えようとした。義景と謙信は、ともに加賀や越中に強大な勢力を誇る一向一揆に悩まされていた。いわば、一向一揆を共通の敵とする同盟の締結により、義景は後方の安全を確保しながら、京都に向けて軍勢を進めることも可能だったはずである。

ここで義景が意を決し、上洛へ踏み切ったとすれば、どのような戦いが起きていたか、シミュレーションしてみたい。

近江観音寺城《おうみかんのんじ》主の六角《ろっかく》氏は、かつて義昭を保護していたが、状勢の推移を観望し、京都を制圧する三好三人衆《みよしさんにんしゅう》の支援へと方針を変換した。また、小谷《おだに》城主の浅井氏とは、近江の覇権を巡り、抗争を繰り広げていたことから、朝倉勢が浅井勢を傘下に従え、京都へ接近すれば、観音寺城に立て籠もって迎撃することが予想された。

一方、畿内では三好三人衆と松永久秀《まつながひさひで》が血みどろの陣取り合戦を繰り広げていた。ここで義景が、久秀に使者を派遣して味方に引き込めば、三好三人衆の動きを牽制することができ、観音寺城を攻略して京都へ進撃することも可能になる——。

このように、すべてが思惑通りに進行していれば、朝倉勢が京都を制圧し、義昭を将軍に就任させることも可能だったろう。だが、謙信は武田氏や北条氏との戦いで兵力を割かれていたために牽制行動ができず、一向一揆が加賀から越前へ侵入する。もしくは、久秀との同盟が機能せず、三好三人衆の反撃を受けるなど、予想通りに進行しない可能性も否定できなかった。

現実の歴史は、このように推移した。

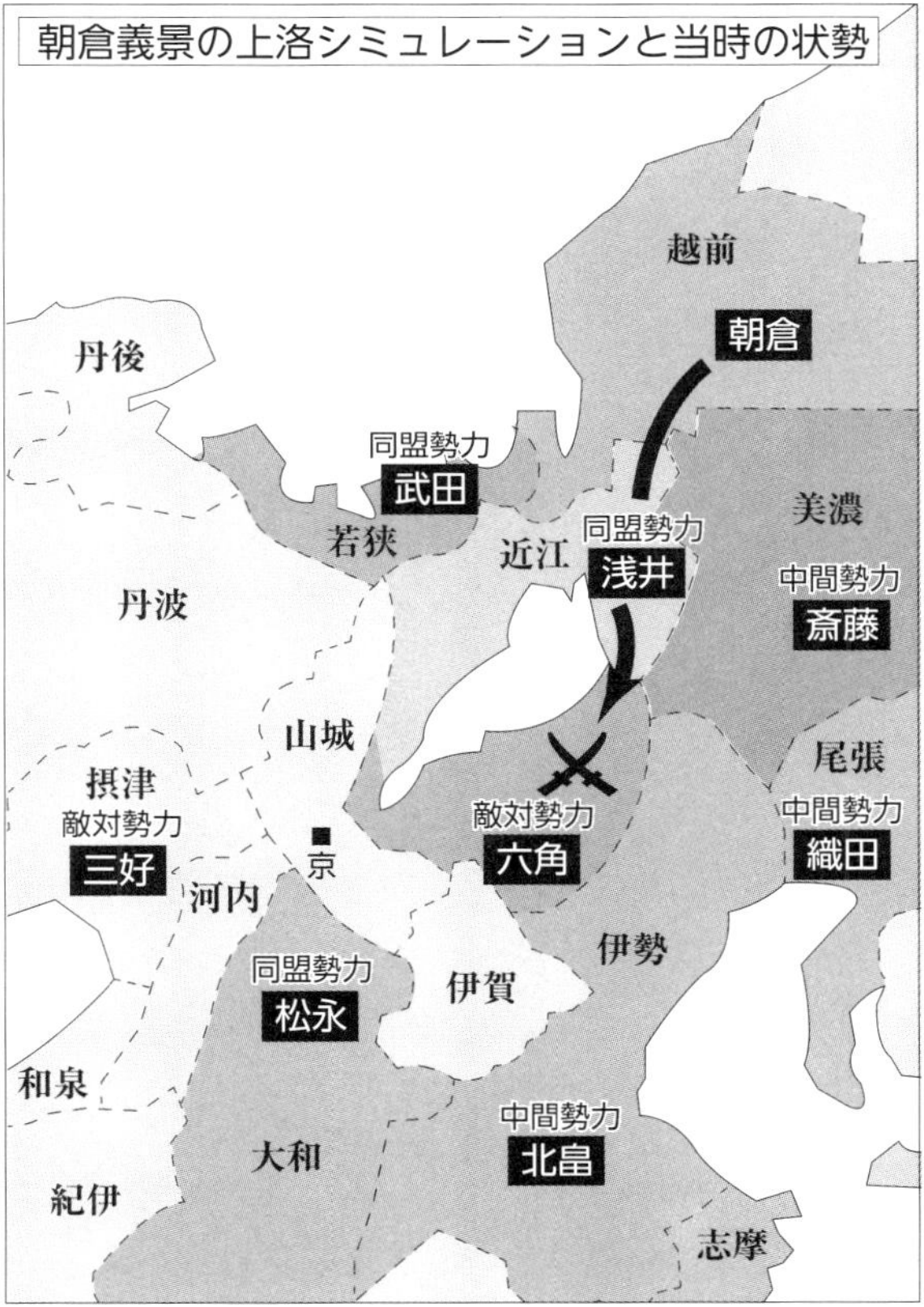

義景が上洛に向けて軍事行動を起こせば、北近江の浅井氏や若狭の武田氏からの援軍を期待できた。その一方、浅井氏とは敵対関係にあった六角氏との戦いは回避できず、南近江を舞台にして激戦が繰り広げられたと想定される

永禄10年（1567）9月、織田信長は、稲葉山城を攻略し、斎藤龍興を国外へと追放した。すると、義昭は、義景よりも信長のほうが上洛を実現へと導く支援者として頼りになるとみなし、翌年7月には越前から美濃へ移動した。そして、9月には、信長は10万とも称される軍勢を率いて上洛。観音寺城を一日の攻防戦で血祭りにあげ、三好三人衆を京都から追い払った。織田勢に擁され、悲願の上洛を果たした義昭は、征夷大将軍に就任することができた。

結局、様子見を続けた義景は、勇猛果断な信長の後塵《こうじん》を拝すことになり、のみならず、信長との戦いにも敗れ、無念の自害を余儀なくされることになる。

これらのことから、上洛というチャンスを逃した義景は愚将で、チャンスを生かした信長は名将という評価を下すこともできなくはない。

ただし、義景が義昭を奉じて上洛しなかったのは、常識的判断であって、トップとしての優柔不断を責められるべきでもないだろう。

話が朝倉氏の滅亡まで進行してしまったが、光秀は、義昭が美濃へ移り、上洛する過程において力量を発揮し、雄飛へのきっかけをつかんだのだった。

「流《る》浪《ろう》の将軍」足利義昭の家臣に抜擢

永禄11年（1568）秋、光秀は足利義昭が派遣した使者として信長と折衝した。そのことは、信頼できる史料によって確認できるのだが、それまで光秀の歩んできた道については、多くの謎が残される。

光秀は、諸国放浪の経験を生かし、朝倉義景から他大名との外交折衝を命じられ、その過程において「流《る》浪《ろう》の将軍」足利義昭に拝謁することができた。

義昭は、光秀の人生に大きな影響を与えた人物だった。ともに連歌に親しみ、茶の湯を楽しむだけの交流であれば、良好な人間関係を維持できたかもしれない。だが、義昭は権謀術数によって将軍の座についた人物である。

その権威を保とうとする姿勢をすぐ傍で見ていた光秀は、義昭を見限ることによって、自分の身を守ることになるのである。

永禄8年（1565）5月19日、第13代将軍の足利義輝が松永久秀や三好三人衆の襲撃を受けて自害するという大事件が勃発した。7月28日、松永勢の監視下にあった義昭は、興福寺から脱出し、近江矢島（現在の滋賀県守山市）へ移り、観音寺城主の六角氏の庇護を受けながら京都奪還を目指した。この頃、光秀は朝倉氏の使者として義昭と出会ったと想定できる。

義昭は、各地の戦国大名たちを味方につけることにより、三好三人衆や松永久秀の手から京都周辺の支配権を奪還しようとした。その過程において、出自の確かでない者たちも側近として取り立てていかざるをえなかったのだと思われる。

こうした流れで、義昭は美濃源氏の名族である明智氏を〝自称〟する光秀も、配下に加えた。義昭もまた、芸術や学問への造詣が深かったことから、光秀の素養を理解し、側近の一人として処遇したくなったのだろう。

この頃の義昭は、正式には将軍に就任していなくとも、足利家の嫡流を自称する以上、日本国内のすべての武士は自らの家臣と定義できた。ゆえに、朝倉氏の家臣である光秀を側近に加えることに、抵抗はなかっただろう。だが光秀にとっては、朝倉氏に仕えながら、同時に義昭にも仕えるという、二重雇用の状態を生むことになった。

光秀のふるさと美濃――雌伏から雄飛へ

明智城本丸跡
光秀は少年時代から青年時代を過ごす。ただし、明智氏の傍流の出身でありながら、城主の直系であるように経歴を詐称した

岐阜城天守台石垣
光秀は、織田家の家臣に抜擢されると、岐阜城へ登り、信長と謁見。その知能を評価され、雄飛への基礎を固めた

永禄9年（1566）8月、六角氏が義昭を見限り、三好三人衆に味方したことから、義昭は若狭へ移動し、武田義統《たけだよしずみ》を頼った。義統は、義昭の妹婿にあたり、信頼できる関係にあったものの、内紛状態にあったことに加え、隣国越前の朝倉氏に従属する状態にあった。

そのため、義昭は9月には一乗谷へ移り、義景に対して兵を率いて上洛し、京都を制圧する三好三人衆を打倒するように要請した。だが、義景は、義昭の要請に応じることなく、情勢を観望し続けたのだった。

運命を変えた信長との出会い

光秀は、永禄10年（1567）、細川幽斎《ほそかわゆうさい》（藤孝）とともに、足利義昭の家臣として織田信長と折衝することにより、戦国史の表舞台に登場する。このとき、光秀は、信長と初めて対面したと思われる。

義昭は、美濃の斎藤氏と信長を和睦させ、両者の支援によって上洛するという方向性を模索していた時期もあった。幽斎は、和睦交渉の責任者として斡旋にあたり、両者の了解をえた。だが、信長は、すぐに和睦を破棄して戦闘を再開し、永禄10年9月、稲葉山城を攻略することにより、斎藤氏との死闘に決着をつけた。

『細川家記《ほそかわかき》』では、義昭の使者として信長と交渉していた頃の光秀は、朝倉氏から離れ、義昭の家臣でありながらも、信長の家臣として召し抱えられており、義昭と信長との関係を強化するうえで大きな役割を果たしたと記述する。

『細川家記』は、大名家によって編纂された家記の一つであり、熊本藩細川家の歴史

光秀の雇用関係

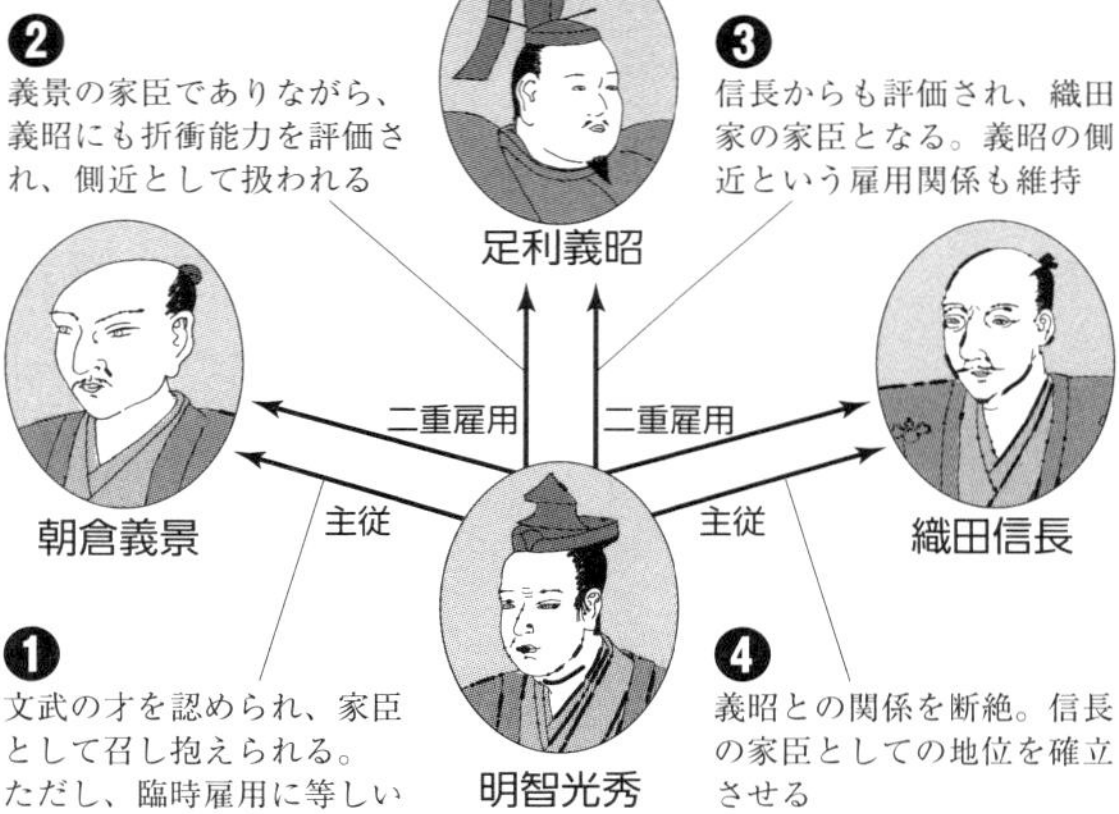
足利義昭
朝倉義景
織田信長
明智光秀
二重雇用
二重雇用
主従
主従
❶ 文武の才を認められ、家臣として召し抱えられる。ただし、臨時雇用に等しい
❷ 義景の家臣でありながら、義昭にも折衝能力を評価され、側近として扱われる
❸ 信長からも評価され、織田家の家臣となる。義昭の側近という雇用関係も維持
❹ 義昭との関係を断絶。信長の家臣としての地位を確立させる

を後世へ伝えるため、安永《あんえい》7年（1778）、史料の収集や記録が開始された。『明智軍記』よりも編纂時期が後になるので、その記述を流用している部分もある一方、信長に仕えた時期をはじめ、独自の情報も含まれる。完全に肯定はできないが、否定もできない、そんな情報源といえる。

光秀の雇用関係については諸説が混在するが、朝倉氏の家臣という肩書を持ちながら、義昭の使者として信長との折衝にあたるうちに、信長から才能を評価され、家臣として召し抱えられた——という経緯は、間違いないと思われる。

戦国時代は、家臣が二人の主君に仕えるのは決して珍しいことではなく、大名が優秀な家臣を引き抜くことも日常茶飯事だった。

その後、豊臣秀吉によって天下が統一され、さらに天下泰平の江戸時代へと移ると、武士は一人の主君に仕えることが鉄則となった。また、大名がほかの大名の家臣を引き抜くことは禁じられるようになるが、戦国時代においては、優秀な人材を引き抜くことは、組織を維持しながら拡大するためには、不可欠な強化策だったのである。

朝倉家臣団における光秀の立場は、現代の会社組織にたとえると、〝非正規雇用の社員〟であり、活躍によっては正規に雇用され、管理職へ登用される可能性もあった。そのため、朝倉氏による光秀への拘束力は弱く、信長に引き抜かれたとしても、大きな問題にはならなかった。また、信長に引き抜かれた時点の光秀の立場は、足利氏と朝倉氏のいずれにも籍のある〝派遣社員〟のようなものだったとみなすと、その置かれた状況もよりわかりやすくなるだろう。

いずれにしても、光秀は、義昭と幽斎と出会い、そして信長との対面を果たすことによって、その才能を発揮する基盤を整えることになるのである。

濃姫とは血縁関係があったのか？

織田信長は、斎藤道三との間で同盟を結び、結束力を高めるため、その娘を妻に迎えた。娘は、美濃から迎えられた姫君だったことから、濃姫と通称された。江戸時代に成立した史料では、帰蝶《きちょう》もしくは胡蝶《こちょう》とも記録される。だが、信頼性の高い史料では、輿《こし》入れしたという記事が残されるだけであり、名前だけでなく、彼女の生涯は多くの謎に包まれている。

『系図纂要《けいずさんよう》』（江戸時代末期に編纂された系図集）では、濃姫の生母である小見《おみ》の方《かた》は、明智光継の娘であり、その兄光綱の子が光秀と記録される。つまり、この系図が正しければ、光秀と濃姫は従兄弟《いとこ》だったことになり、光秀は信長にとって妻の血縁者ということになる。

いささか飛躍するが、光秀と濃姫は幼い頃から互いに想いを寄せ、そのことが本能寺の変の埋火《うずみび》となった……。そのようなストーリーを展開させる歴史小説も存在し、信長、光秀、そして濃姫による三角関係は、人間ドラマとして興味をそそられる。

光秀は、明智城の陥落により、諸国放浪の旅に出るのだが、仮に濃姫の従兄弟であったならば、信長を頼って織田家に仕官するのが出世の近道だったのではないか。

この頃信長は、舅《しゅうと》の道三が討ち死にすることにより、斎藤氏との関係が断絶すると、美濃侵攻作戦に着手した。そのため、水先案内人として美濃出身者は利用価値が高く、光秀は信長から高禄で召し抱えられる可能性も高かったはずである。


しかし現実には、光秀は明智城主の子ではなく、濃姫とも血縁関係にはなかったことから、明智城陥落後に信長に仕えなかったと思われる。

のちに光秀と濃姫が従兄弟であるという話になったのは、本当は血縁関係がなくとも、そうしたほうがお互いに好都合だったからだろう。光秀にとって、濃姫の血縁者であれば、主君信長の縁戚となり、また、明智一族のなかでも、傍流ではなく、直系に近い生まれであることの証明となった。一方の濃姫にしても、織田家中において異例の出世を続ける光秀が血縁者であるのなら、信長の正室という立場を維持できた。

信長は、長良川合戦の11年後、稲葉山城を攻略することにより、斎藤氏との戦いに決着をつけることができた。明智城陥落の直後であれば、光秀が出自を詐称した場合、発覚していた可能性が高い。だが、11年以上もの歳月が経過すれば、その真偽は検証される心配がなかったのである。

濃姫の生涯は不明な点が多いものの、一説によると、慶長《けいちょう》17年（1612）、享年78で没したとされる。信長から離縁された、もしくは信長より先に没したとも推定されるなか、信長よりも長生きしていたのであれば、本能寺の変が勃発するまで、美濃出身の光秀は、濃姫にとって心強い存在だったに違いない。

信長は、道三の娘として利用価値があったことから、斎藤氏との同盟が破棄されても、濃姫を正室として処遇し続けた。美濃の人々にとっても、信長は侵略者ではあったが、濃姫を正室として扱い、道三の娘婿としての立場が維持されているのなら、斎藤氏を見限って織田氏に寝返る大義名分ともなった。

さらに、信長にしてみれば、光秀が濃姫の血縁者であるほうが、美濃国内を統治するうえで好都合という側面もあったのだ。

盟友細川幽斎との、芸術で結ばれた絆

戦国時代屈指の芸術家でありながら、名族細川氏の血脈を守り、大名として生き残った細川幽斎（藤孝）。光秀が幽斎と出会った時期は、信頼の高い史料では特定できず、光秀が朝倉義景の家臣だった頃と思われる。ただし、光秀は諸国放浪の旅において京都で滞在しているとき、すでに幽斎と出会っていた可能性が高い。

両者の身分には格差があり、一説によると、光秀は幽斎の家臣として仕えていた時期もあったという。だが、幽斎は光秀を同志とみなした。その背景には、光秀の文化的教養の高さがあり、出会った瞬間から、お互いの資質を見抜き、ともに和歌や茶道に親しみながら、芸術論を語ることにより、結束を強めたと思われる。

幽斎は、三淵晴員《みつぶちはるかず》の次男として生まれ、御供衆《おともしゆう》の細川元常《もとつね》の養子となった。細川家といっても、管領として将軍をも凌ぐ権威を誇った本家ではなく、その分家筋にあっ

た。御供衆とは、文字通り将軍の御供をし、身辺の護衛をする親衛隊である。側近として将軍を補佐する重要な役職であり、細川氏をはじめ、山名氏・畠山氏・一色氏など、有力大名の一族が御供衆に任じられた。ちなみに、幽斎は12代将軍義晴《よしはる》の御落胤《ごらくいん》（父親に認知されない私生児）とも伝えられる。

幽斎は、13代将軍義輝《よしてる》に仕え、21歳で養父が病没すると、御供衆の一人に加えられた。永禄8年（1565）5月、将軍義輝が松永久秀らの襲撃を受けたとき、近侍していなかったことから難を逃れた。7月、幽斎は義昭を奈良興福寺から脱出させ、3年後に義昭が将軍に就任するまで、「流浪の将軍」と行動を共にし、苦楽も共にした。

話を先に進めると、天正6年（1578）、光秀の娘玉《たま》が幽斎の嫡男である忠興《ただおき》に嫁いだことで、光秀と幽斎は縁戚関係で結ばれた。

にもかかわらず、光秀が本能寺の変を起こすと、幽斎・忠興父子は、光秀に味方することなく、信長への弔意《ちょうい》を示すため、髻《もとどり》（髪を頭の上で束ねた部分）を落とした。さらに話を進めると、父子は、秀吉の臣下となることを誓い、天下統一に貢献。秀吉の死後は徳川家康に接近し、天下分け目の関ヶ原合戦では東軍として参戦することにより、丹後《たんご》宮津《みやづ》城主から豊前《ぶぜん》小倉《こくら》城主へ栄転する。さらに、熊本城主の加藤氏が取り潰されると、小倉から熊本へ移され、ようやく安住の地へたどりついた。

幽斎は、盟友を見捨てることにより、自分の身と細川の家を守り、ステップアップしたともいえる。対する光秀は、信長への謀叛を決断する際、幽斎には事前通告をしなかった。そのため、幽斎は盟友を裏切ったという引け目を感じずにいられたに違いない。

お互いに理解し合いながら、つねに行動を共にすることが人間関係の理想なのかもしれない。だが、お互いに理解し合った盟友であっても、進むべき道が違ってしまったら、お互いの意思を尊重し、異なる道を選択することもある。

光秀と幽斎は、連歌や茶の湯などを媒介にし、人間関係を深めながらも、進むべき道という面では一線を画し、一蓮托生の関係にはならなかった。そんなドライな一面もありながら、光秀にとって幽斎は、その波瀾万丈の人生を語る上で欠かせない存在に昇華したといえよう。

光秀の苦境

朝倉家に仕えることができたのは、浪人に等しい境遇の光秀が世に出る一つのきっかけになった。だが、主君の義景《よしかげ》には、天下に覇を唱える気概がなく、このまま朝倉家の家臣でいたとしても、飛躍への糸口はつかめなかった。

逆転への決断

そんな閉塞的な苦境から脱出するため、光秀は足利義昭に接近し、側近に加えられた。義昭《よしあき》の側近となり、細川幽斎《ゆうさい》と親交を深めることにより、光秀は一気に戦国乱世の表舞台に躍り出ることになった。

POINT

義昭は、光秀が知性と行動力を兼ね備えていることから、高い利用価値があると見抜いた。対する光秀は、義昭を将軍へと押し上げることにより、自分の存在価値を高めようとした。出会った頃の二人はウィンウィンの関係にあった。

史跡探訪 壱

一乗谷——光秀が雌伏時代を過ごした城下町

復元された商人の居住区

光秀は、朝倉義景の家臣として約５年間、一乗谷《いちじょうだに》で生活したと思われる。朝倉氏が、戦国大名として勢力を拡張させるのと時を同じくして、一乗谷の城下町も北陸一の中核都市として繁栄を続けた。だが、織田軍の侵攻を受けると、城下町は焼き払われ、地上から消滅した。

昭和42年(1967)、発掘調査が開始されると、中世都市の全容が明らかになった。今日、武家屋敷や商家が再現され、往時の姿が偲ばれる。

史跡DATA

住所：福井県福井市城戸ノ内町

アクセス：JR 福井駅から一乗谷朝倉特急バス、「復原町並」下車すぐ／福井駅から JR 越美北線で、一乗谷駅下車、徒歩約15 分／北陸自動車道福井 IC から車で約10 分

第3章

覇王信長に仕える

主君の合理主義を見抜き、有能な手駒に徹して出世街道を驀進《ばくしん》

信長から見た光秀の「利用価値」

ここで光秀が出会った頃まで遡《さかのぼ》り、信長の歩んだ道のりをざっくりと追ってみたい。

信長は、父信秀《のぶひで》の病没にともない、19歳で織田家の当主となり、27歳のとき、桶狭間《おけはざま》の戦いに勝利して尾張統一をほぼ達成させた。さらに34歳のとき、美濃盗りに成功するのだが、尾張統一に8年間、美濃制覇に7年間の歳月を費やしていた。

信長は、少年から青年へ、そして壮年へと年齢を重ねるごとに、着実に勢力圏を増加させていった。永禄11年（1568）正月、35歳となった信長は、大きな飛躍の年を迎える。2月に伊勢へ出兵すると、伊勢一国の北半分を領国とし、さらに同年10月には足利義昭を奉じて上洛し、畿内一円を勢力圏に加えたのである。

司馬遼太郎は、名作『国盗《くにと》り物語』において、戦国の風雲児を次のようにばっさりと斬《き》り捨てた。

織田家の家臣団構成

- 織田信長
  - 一門衆
    - 織田秀敏（大叔父）、飯尾定宗（大叔父）
    - 織田信次（叔父）、織田信清（従兄弟）
  - 宿老
    - 林秀貞、柴田勝家
  - 馬廻衆
    - 前田利家、佐々成政、菅谷長頼、中川重政、坪内利定
  - 小姓衆
    - 池田恒興
  - 足軽頭六人衆
    - 弓衆（浅野長勝、太田牛一、堀田孫七）
    - 鑓衆（伊藤清蔵、城戸小左衛門、堀田左内）
  - 先手足軽衆
  - 廿人鳥見の衆
  - 同朋衆

信長の家臣団強化策

光秀が仕官する以前の信長の家臣団は、一族と譜代の家臣によって形成されていた。だが、信長は自分に従わない一族の有力者を排除しながら、有力な家臣を取り立てることにより、家臣団の強化を図った

「人を機能としか見ない信長」

前後の文脈としては、家柄を重視して優秀な人材を登用しない朝倉義景と対比しながらの人物評なのだが、的を射ており、その洞察力の確かさを再確認させられた。

『国盗り物語』では、戦国の梟雄《きょうゆう》として畏怖された斎藤道三の志を受け継いだのは、信長だったのか、光秀だったのかという視点を基軸とし、ストーリーが展開する。そのため、光秀は信長とともに、も

う一人の主人公としての役割を果たした。

光秀は、義昭の命を受けて信長と出会い、その家臣となった。信長は、出自にこだわることなく、徹底した能力主義によって家臣を登用し、重要な責務を与え、結果を出せば多くの領地を与え、さらに重要な責務を課した。

信長の人事管理術は、現代にも通用する方針を示し、光秀は木下藤吉郎《きのしたとうきちろう》（豊臣秀吉《とよとみひでよし》）とともに、信長によって抜擢され、一国一城の主へと異例の出世を果たす。

ただし、信長は人を〝機能〟としてしか、考えなかった。

信長にとって、人は自分が目的を果たすための機能でしかなく、利用価値がなくなれば、躊躇《ちゅうちょ》なく切り捨てることができたのだ。

光秀は、斎藤氏との和睦を進行させながら、白紙へ戻して滅亡へと追いやった信長の外交戦略を見て、義理や人情、習慣や常識に囚われることがない信長の「超現実主義」を見抜いていた。

そのため、信長の家臣になるということは、飛躍への第一歩になると同時に、苦難の始まりにもなるという認識を抱いたに違いない。

信長上洛——二重雇用を生かして成功へ導く

信長は、光秀が前半生で身に付けた才能や人脈を評価し、家臣として異例の抜擢《ばってき》を続けた。当時の織田家には、朝廷や幕府との折衝ができる家臣は皆無に等しく、光秀は、信長にとって不可欠な人材だったのである。

光秀は、信長と義昭に二重雇用されているという身分を生かし、両者の緊密化に努めた。その結果、義昭は、信長を頼って美濃へ移動することになり、永禄11年（1568）7月16日、一乗谷を出立した。小谷城主の浅井長政の領地を通過し、25日、岐阜城下の立政寺《りゅうしょうじ》に到着した義昭は、そこで初めて信長と対面した。「一刻も早く上洛したい」という義昭の意思を聞いた信長は、本気で上洛のために動き出した。

まず、美濃から浅井領の佐和山《さわやま》へ出陣したうえで、観音寺城主の六角氏に対し、義昭の上洛に協力するように要請する使者を派遣した。

だが、六角氏は、三好三人衆に味方していたことから、要請を拒否。すると、信長は、いったん岐阜城へ戻ったうえで、近江出陣を決断し、尾張、美濃、北伊勢の織田領の将兵に対して出陣を下命した。

9月7日、信長は4万人の軍勢を率いて岐阜城を出陣。12日、佐久間《さくま》信盛《のぶもり》、丹羽《にわ》長《なが》秀《ひで》、木下藤吉郎をはじめ、織田家の重臣たちが率いる部隊で、六角方の箕《み》作城《つくりじょう》を攻撃したところ、数時間の戦闘で決着がつき、日没後には籠城兵も退却を開始した。

六角義賢《よしたか》は箕作城が陥落したのを知ると、本拠の観音寺城を放棄したことから、13日、織田勢は無人の観音寺城を接収し、六角氏との戦いに決着をつけた。つまり信長は、岐阜城を出陣してから、わずか6日後には観音寺城を攻略したのだった。

信長が、美濃立政寺で待機していた足利義昭の元へ使者を送ると、義昭は、21日に出陣して京都を目指した。対する三好三人衆は、京都の維持は困難と判断して退却。28日（26日の説も）、信長は洛中の東福寺へ本陣を移動させ、京都市内を制圧した。

義昭は、9月28日には上洛して清水寺《きよみずでら》を本陣とした。さらに12月14日、六条の本圀《ほんこく》寺《じ》へ座所《ざしょ》を移した。そして、22日、御所《ごしょ》に参内《さんだい》して、晴れて征夷大将軍に任命されたのだった。

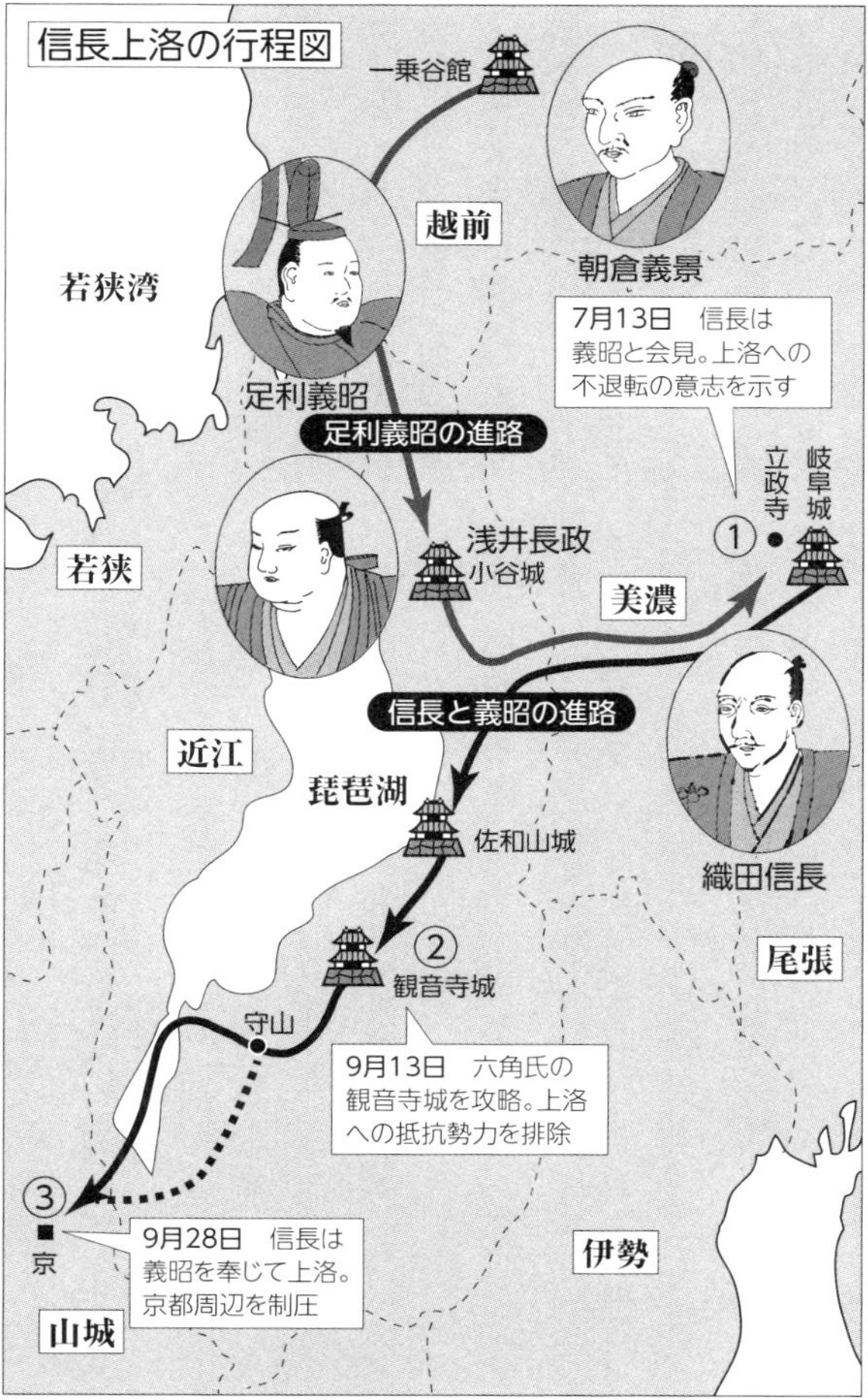

信長上洛の行程図
一乗谷館
越前
朝倉義景
若狭湾
足利義昭
7月13日　信長は
義昭と会見。上洛への
不退転の意志を示す
足利義昭の進路
立政寺
岐阜城
①
浅井長政
小谷城
若狭
美濃
信長と義昭の進路
近江
琵琶湖
佐和山城
織田信長
②
観音寺城
尾張
守山
9月13日　六角氏の
観音寺城を攻略。上洛
への抵抗勢力を排除
③
京
9月28日　信長は
義昭を奉じて上洛。
京都周辺を制圧
伊勢
山城

本圀寺合戦——敗北必至の戦いに勝利し、武名を高める

信長は、上洛後の処理が一段落つくと、10月26日、京都を出立して美濃へ帰国。永禄12年の正月は、本拠の岐阜城で迎えた。

1月5日、三好三人衆は信長不在の間隙を利用し、将軍義昭が御座所としていた本《ほん》圀《こく》寺《じ》に対して攻撃を加えた。

光秀は、信長とは行動を共にせず、義昭の警護のため、本圀寺に残留していたことから、三好三人衆の攻撃に立ち向かった。

初日の戦闘では、織田方が三好方の攻勢を凌ぎ、翌日には畿内周辺から駆け付けた援軍によって三好方が撃退され、結果としては織田方の勝利に終わった。

本圀寺合戦、もしくは六条合戦と称された攻防戦において、三好方は、約1万人の兵を動員したともいう。対する光秀を中心とした織田方の兵力は、想定2000人前後。圧倒的に不利な状況を跳ね返しての、劇的な勝利だった。

光秀は、本圀寺に押し寄せる三好方に対し、陣頭に立って配下の兵士を指揮しながら、自慢の鉄砲の腕を実戦で披露した。そして、鉄砲を槍に持ち換えて敵兵を血祭りにあげ、本圀寺を守り抜いたと思われる。

本圀寺の変以前の状況を冷静に考察すれば、信長には油断があり、光秀らの奮戦がなければ、本圀寺が攻略される可能性も高かった。

もしも、義昭が殺害されていたり、あるいは三好方に身柄を拘束されていれば、信長の面目は丸潰れとなったであろう。また、たとえ義昭を安全な場所へ移すことができたとしても、本圀寺が敵の手に落ちれば、上洛に成功して以来、急上昇を続けていた信長への信頼とて急降下しかねなかった。

つまり、信長は、状況判断のミスを犯したところを、光秀の奮戦によって救われたわけだ。光秀の立場からすれば、主君の失敗のツケを負ったともいえる。

だが、視点をかえれば、それまで光秀は折衝能力の高さを期待されていたところが、本圀寺の変以後は、戦闘能力の高さもアピールできるようになったともいえよう。

強固な人脈を築き、朝廷政策の中核を担う

信長は、京都を支配する行政官の一人として光秀を抜擢した。光秀は、青年時代に京都で滞在した経験があったことから、重要な任務を課せられたと想定できる。

光秀の朝廷人脈の中心になった人物として、吉田兼見《よしだかねみ》があげられる。兼見は、吉田神道の宗家《そうけ》に生まれ、日本各地の神社を取り仕切る地位にあった。

現在、神社の世界は、宗教法人の神社本庁が存在するが、吉田家は、たとえるならば現代の神社本庁のような、組織のトップを世襲した名族、というとその存在感の大きさが理解できるだろうか。吉田家は、神社の大元締め的存在であるとともに、公家としても朝廷に仕えた。

戦国時代の公家というと、戦乱の長期化により、生活苦に陥り、悲嘆の日々を過ごしたというイメージが強いかもしれない。だが、公家のなかには、知識を活用し、時

代の変化に対応し、人脈を拡大することにより、力強く生きた者たちも存在した。公家社会は、家格優先の組織構成であっても、志の高い公家たちは、朝廷や家名の存続に尽くした。

彼らは、京都や堺の商人たちと、茶の湯や連歌の会を挙行し、親睦を深めながら、商業活動にも関与した。また、各地の戦国大名と交流関係を築き、地方へ出張することにより、朝廷への献金を働きかけた。

公家の家格は「摂家《せっけ》」「清華家《せいがけ》」「大臣家《だいじんけ》」「羽林家《うりんけ》」「名家《めいけ》」「半家《はんけ》」の5つに区分される。最高位の摂家（摂関家《せっかんけ》）は、その名の通り、摂政《せっしょう》と関白に就任でき、公家社会の頂点に君臨した。基本的には家格重視でありながらも、最下層の半家でも、能力と努力次第では、参議に任官し、朝議に参列することも可能だった。とくに、戦乱の長期化により、朝廷の財政が窮乏すると、有能な公家を抜擢して活躍の場を与える必要に迫られたともいえよう。

吉田家の家格は半家に過ぎなかったものの、兼見は、識見の高さや、独特の嗅覚により、公家社会において注目を集める存在へと成長を続けた。

光秀が兼見と出会った時期は、公的には光秀が信長から京都駐在を認められてからとされる。だが、光秀は青年時代に京都に滞在していたころ、すでに兼見と知己《ちき》をえており、その広範な人脈の内部に組み込まれていたと想定できる。

公家は、自身の警護や家の執務のため、家僕《かぼく》と称される家臣を雇用していた。となれば30代の光秀が、吉田家の家僕として兼見に仕えていた可能性も大いにある。そんな仮説を立ててみると、光秀が信長から抜擢された理由も納得できよう。

光秀は、兼見との結束を強化することにより、公家社会における自身の存在感を示した。また、兼見にしてみれば、光秀を介して京都を支配する信長に接近することができ、信長との関係が強化されれば、朝廷内における自身の存在感を高めることができた。つまり、光秀と兼見は、ウィン－ウィンの関係にあったと評価できる。

兼見は『兼見卿記《かねみきょうき》』という日記を残したことでも知られる。光秀との関係は、都合のよい部分については今日に伝えられ、そうでない部分については削除された。

公家たちが残した日記や記録に共通する特徴ではあるが、兼見は、光秀との知られたくない関係は封印したのだった。

光秀と朝廷人脈

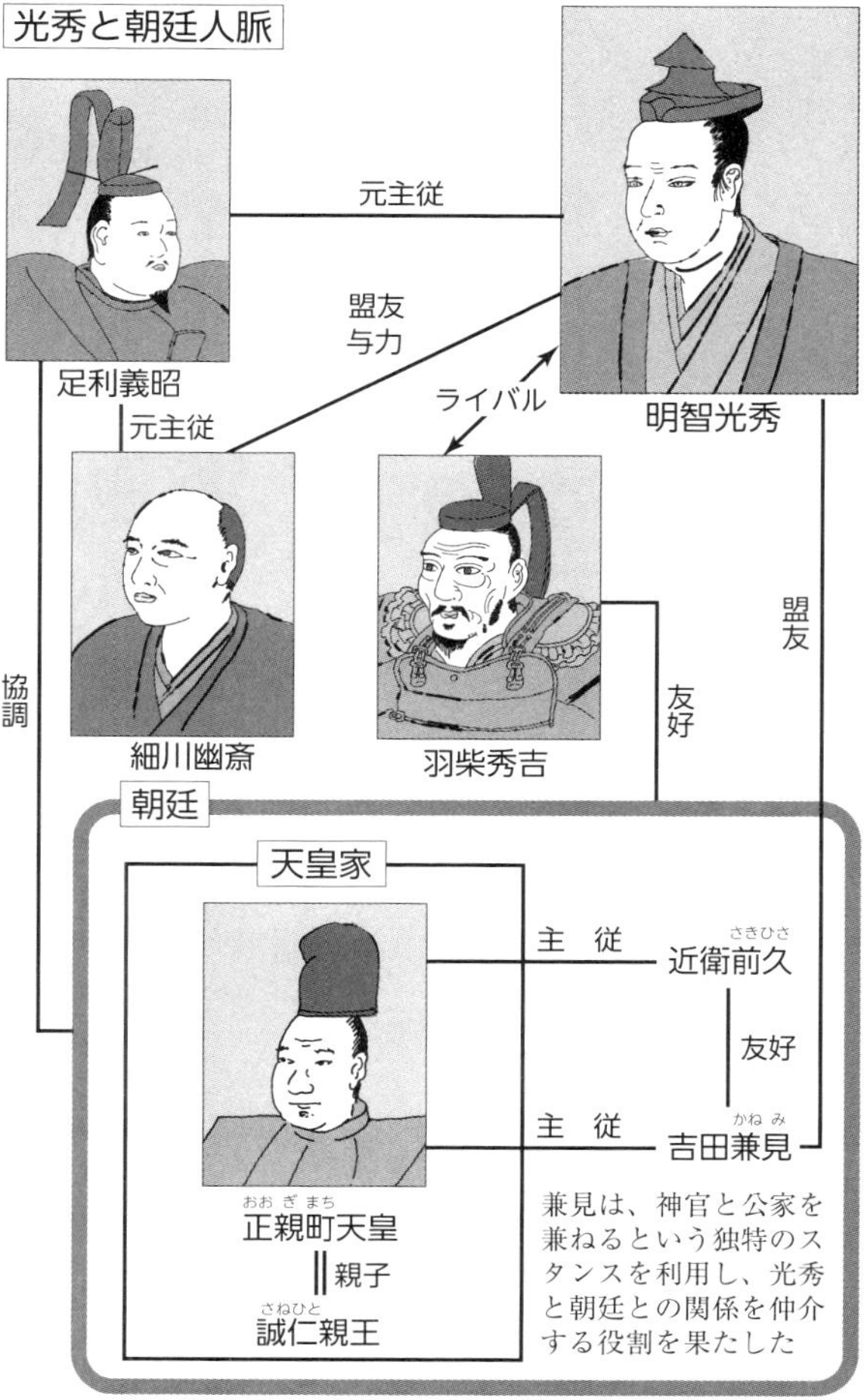

足利義昭
元主従
明智光秀
盟友
与力
ライバル
元主従
細川幽斎
羽柴秀吉
協調
友好
盟友
朝廷
天皇家
主　従
近衛前久《さきひさ》
友好
主　従
吉田兼見《かねみ》
正親町《おおぎまち》天皇
親子
誠仁《さねひと》親王
兼見は、神官と公家を兼ねるという独特のスタンスを利用し、光秀と朝廷との関係を仲介する役割を果たした

なぜ、朝倉義景は信長との戦いを決意したのか？

　信長は、上洛戦の前までは、戦国大名として本能に任せるように領土を拡大してきた。そこに大義名分は必要なかった。しかし、上洛を果たして以降は、朝廷と幕府を保護下におくことになり、自身への敵対者は、天皇や将軍への謀叛人とみなし、討伐できるという「大義名分」を手に入れることになった。

　信長は、畿内周辺の大小の諸勢力に対し、将軍義昭に対する忠誠という大義名分を用いて、上洛を命じた。この上洛命令の表向きは、朝廷や室町幕府に対する忠義の証明だったが、上洛そのものは、信長個人に服従することを意味した。信長は、自らに服属するか否かの「リトマス試験紙」として、上洛を利用しようとしたのだった。

　信長からの上洛命令に従い、畿内周辺の諸大名は続々と上洛した。のちに信長へ叛旗を翻す、三木《みき》城主の別所長治《べっしょながはる》や、八上《やかみ》城主の波多野秀治《はたのひではる》なども、上洛して義昭と信長に忠誠を誓った。このように、日の出の勢いにある信長のご機嫌をうかがうため、上洛する者が多いなか、朝倉義景は、信長と一戦交える覚悟で上洛を拒絶した。

織田家と朝倉家は、浅からぬ長年の因縁があり、そのことが義景にとって信長に頭を下げられない一因となったのである。

織田家の先祖は、越前《えちぜん》（現在の福井県）の出身であり、丹生《にゅう》郡織田を発祥の地とし、今日でも織田剣《つるぎ》神社は織田家縁の古社《こしゃ》として多くの尊崇を集めている。かつて、両家はともに守護の斯波《しば》氏に仕えていたが、朝倉家のほうが格上であった。しかも、信長の織田家は、守護代織田家の分家筋にあたることから、義景は、決して頭を下げるような相手とはみなしていなかったのである。また、義景が信長との戦いを決断する背景には、将軍義昭という「黒幕」が存在した。

光秀は、義景に仕えていた時期もあったため、両者の決裂には心を痛めたに違いない。だが一方では、これは光秀にとって、織田家臣としての飛躍の好機にもなりえた。

というのも、光秀は義景の家臣だったおかげで、領国内の地理や特性を知り尽くし、家臣団の派閥や人間関係にも熟知していた。対朝倉戦を有利に推し進められる情報提供者になりうると期待されたのだ。

金ヶ崎の退き口——秀吉とともに危地から脱出

元亀《げんき》元年（1570）4月26日、信長は、越前の関門にあたる金ヶ崎城《かねがさきじょう》を攻略し、朝倉氏の本拠一乗谷に迫る勢いにあった。

だが、人生において最大級の危機が、知らぬ間に信長の足元に迫っていた。近江小谷城《おうみおだにじょう》主の浅井長政《あざいながまさ》には、上洛前に妹のお市《いち》を嫁がせ、同盟関係を締結していた。信長は、妹婿の長政を信頼していたのだが、長政に離反の動きがあるという情報がもたらされた。越前攻めのさなか、長政に離反されたら、背後から攻撃を受けることになる。このとき信長は、絶体絶命の窮地に陥ったといえよう。

長政は、まだ浅井家が弱小大名だった頃、朝倉氏の援助によって存続の危機を救われたこともあることから、「織田は朝倉を攻撃しない」という条文を加えたうえで、織田家と同盟を結んだ。浅井サイドにしてみれば、信長の朝倉攻めは同盟に対する背任行為だった。

一方、信長には、朝廷や幕府の威信を軽んじる朝倉義景を討伐する「大義名分」があった。信長にしてみれば、「織田は朝倉を攻撃しない」という条文は、朝倉が自分に叛《そむ》かない限り、と解釈しており、同盟に対して背信しているとは思っていなかった。戦国乱世における同盟関係は、情勢の変化次第で流動する。同盟の条文など、強者にとって都合のいいように解釈されるものだった。

対する浅井サイドは、同盟の条文を文字通りに解釈した。浅井長政自身は、信長との同盟維持を願っていたものの、長政の父久政《ひさまさ》や老臣たちが朝倉氏への恩義を重んじたことから、信長との手切れを強硬に主張したとされる。というより、朝倉サイドにしてみれば、浅井は従属する臣下という意識が強く、浅井家は、信長との新しい関係よりも、過去の主従関係から脱却することができなかったのだ。

信長は、浅井長政の離反を事実として確認すると、「是非に及ばず」とつぶやいた。信長は、本能寺に宿泊していたとき、光秀の襲撃を受けたことを知ったときも、「仕方がない」という意味の同じ言葉を発した。本能寺の変のときは、生命への執念を捨て去ったが、このときは逆に生命を守るため、最大限の努力を発揮した。

長政の離反により、織田勢は前面から朝倉勢、背面から浅井勢に挟撃される態勢に陥った。信長は、ただちに全軍に撤退を下命。自身は、わずかな護衛を引き連れ、若狭から琵琶湖西岸のルートを経由し、京都を目指した。

このとき、松永久秀《まつながひさひで》は先導役として従い、逃避行成功の立役者となった。のちに、久秀は二度も信長に叛旗を翻し、非業の爆死を遂げることになる。ある意味では、歴史の皮肉ともいえるが、歴史の表舞台で活躍をする人々は、つねに自分が演じるべき役割を全力で果たそうとするため、ときにこうした矛盾も生じてしまうのだろう。


織田勢による越前からの撤退戦は、のちに「金《かね》ヶ崎《さき》の退《の》き口《ぐち》」と称されるのだが、この戦いでもっとも名を高めたのが信長から殿《しんがり》を命じられた木下藤吉郎《きのしたとうきちろう》（のちの豊臣秀吉《とよとみひでよし》）だった。藤吉郎は、勢いに乗って襲撃する朝倉勢を一手に引き受けることにより、信長および、織田勢全軍の安全を確保するという重大な任務を与えられ、任務を達成するとともに、奇跡の生還をはたした。これにより、信長の藤吉郎への信頼は高まり、ステップアップのきっかけをつかんだのである。

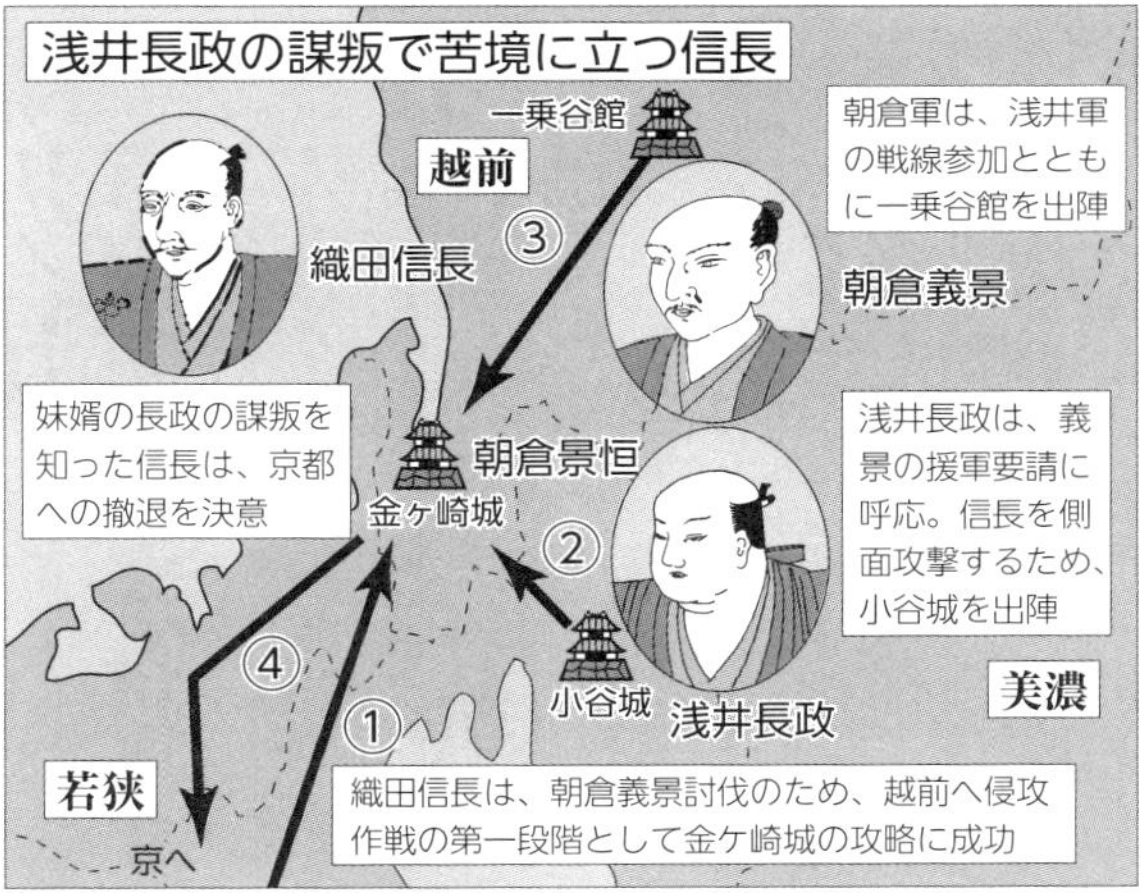

光秀は、殿《しんがり》の秀吉をサポートする役割を命じられた。鉄砲は撤退戦において、追撃する敵に対する威嚇《いかく》効果が高い。鉄砲の有効な活用術を熟知していた光秀は、十分に朝倉軍を引き付けた上で、鉄砲を連続射撃して動きを止めてから、撤退するという「繰《く》り引《ひ》き戦術」により、困難な退却戦を成功へと導いた。そのため、信長から指揮官としての能力を評価され、さらなる信任をえることができたのである。

のちに山崎合戦《やまさきのかっせん》で雌雄を決するという運命が待ち構える光秀と秀吉。金ヶ崎の退き口をきっかけにして、二人は信長の家臣としての立場を一気に高め、出世を競う関係になっていく。

姉川合戦——京都防衛の大役を一任される

5月21日、信長は、本拠の岐阜に帰りつくと、反撃の態勢を整えるため、約1カ月の間、じっと動かなかった。6月19日、信長は岐阜城を出陣し、小谷城へと迫った。対する長政は、朝倉義景に対し援軍を要請すると、朝倉景鏡《かげあきら》率いる約8000人の朝倉勢が小谷城の東に位置する大依山《おおよりやま》に陣をかまえた。これで役者はそろい、小谷城を攻めようとする信長に対し、朝倉勢と浅井勢が抵抗するという図式により、決戦の火蓋は切られようとしていた。

28日未明、長政は小谷城から出撃して朝倉勢とともに姉川《あねがわ》の河畔に移動。姉川を天然の堀として活用し、織田勢を迎え撃つことができるように陣を構えた。

信長は、敵が姉川河畔に布陣したことを知ると、対岸に軍勢を動かした。両軍は、28日の夜明けとともに激突。その結果、浅井・朝倉勢は1000人以上が討ち取られ、小谷城への退却を余儀なくされた。

姉川合戦と小谷城

姉川古戦場
両軍が激戦を演じた姉川のほとりには、戦没者を慰霊するための石碑が立つ

小谷城
浅井氏累代の本拠。光秀は、足利義昭の使者として小谷城を訪れ、城主の長政に謁見したこともあった

信長は、長政の裏切りにより、朝倉攻めを中止させられるという失態を演じたものの、姉川合戦によって失った面目を回復することができた。

姉川合戦に参戦した織田方として、光秀の名は列挙されていない。光秀は、信長とは行動を共にせず、京都にあって義昭を護衛するとともに、その行動を監視する役割を担っていた。信長の不在の間隙を突かれ、京都を反織田勢力に奪われるという事態を想定すると、京都防衛は重要な任務であり、光秀は信長からの信頼を徐々に高めていったといえる。

光秀の苦境

光秀は、信長に仕えることにより、飛躍へのチャンスをつかんだ。だが、信長は部下を徹底的に管理・活用する、冷徹な独裁経営者タイプの戦国武将だったことから、たとえ、家臣として身命を尽くして仕えたとしても、使い捨てにされる不安が生じた。

逆転への決断

光秀は、信長の合理主義を見抜き、自分自身に利用価値がある以上、正当な評価が下されると判断。主君が策定した天下布武への基本戦略を理解し、その手駒となるよう努力することにより、異例の出世を遂げた。

POINT

信長は、足利義昭を黒幕とする反織田同盟の結成によって窮地に陥った。だが、危機的状況の信長を救い、敵対勢力を撃破することにより、光秀の存在価値は高まった。また、義昭を見限ることにより、信長の家臣としての地位を確立させた。

第4章

坂本築城

信長の戦略に違和感を覚えながらも、結果を出し信頼を高める

なぜ、義昭と信長の蜜月に亀裂が生じたのか？

足利義昭は、信長の力によって室町幕府の第15代将軍の座につくことができた。その頃は、3歳上の信長を「御父《おんちち》」と称し、管領への就任を要請するなど、蜜月状態にあった。だが、信長が管領就任を謝辞したあたりから、両者の関係に隙間風が吹き始めた。信長は、室町幕府という旧体制のなかに、自身が拘束されることを嫌い、管領という餌に飛びつかなかった。信長にとって義昭の存在は、お飾りや操《あやつ》り人形であれば十分であり、幕府は傀儡《かいらい》政権であるくらいが、都合がよかったのだ。

しかし義昭は、将軍に就任した以上、武家の棟梁としての指揮権を発動したかった。ある意味において、室町幕府が成立した頃から、力を持った守護大名と将軍との主導権闘争は、絶えることがなく、応仁《おうにん》の乱（1467〜78）の勃発によって、対立は頂点に達した。その結果、将軍の統治者としての権威は失墜し、ついには13代将軍義輝《よしてる》が襲撃されて自害へ追い込まれるという大事件が勃発したのだった。

義昭は、兄義輝のような非業《ひごう》の最期を遂げることなく、信長の保護下にありながらも、ただのお飾りや操り人形に甘んじるのではなく、将軍としての権威を取り戻したいと願い、動いたのである。

おもな活動は、御教書《みぎょうしょ》と称される手紙を全国の諸大名に送付し、反織田同盟の一員に加わるように要請することだった。


義昭は、一乗谷を去るにあたって、「信長を頼ることになっても、忠誠を尽くしたことを忘れず、今後とも粗略にはしない」という意思を朝倉義景に伝えていた。そのため、朝倉討伐を強引に進める信長に反発を抱き、その庇護《ひご》を受けながら、反織田包囲網を作り上げ、そのフィクサーになる最終的決断を下した。

義景は、浅井長政の信長への離反がなければ、織田軍の攻撃を受けて滅亡する危機にあった。にもかかわらず、信長との決別を宣言できたのは、信長への個人的な敵対感情を基礎とし、義昭からの反織田同盟参加への呼びかけがあり、さらに長政も信長への離反を決意したという情報を事前に知っていたからと想定できる。

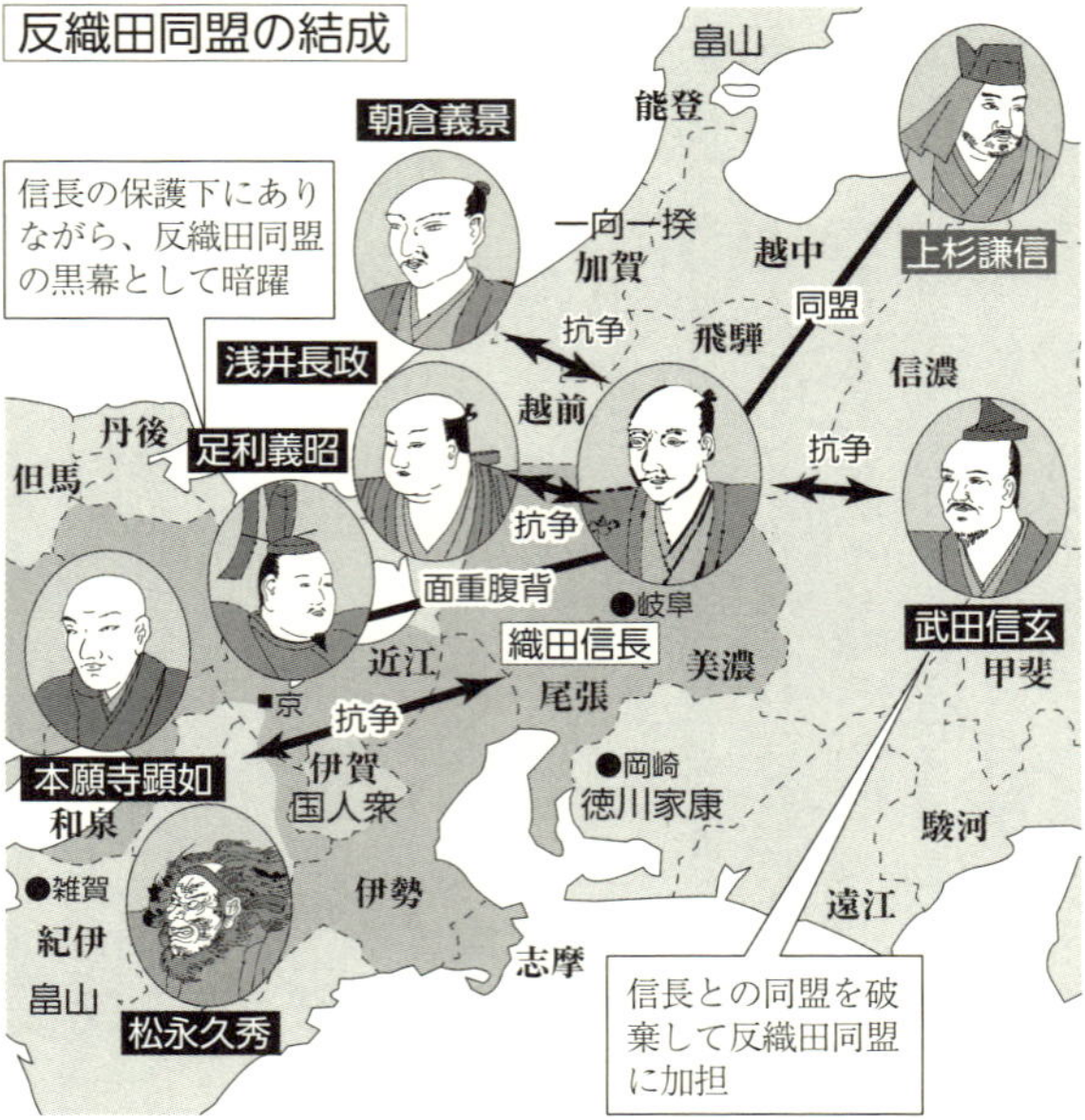

反織田同盟の結成

いわば信長は、義昭の罠にはめられ、敦賀《つるが》まで出陣したということになる。

歴史的事実としては、信長が早々に退却したために、大事にはならなかったものの、逃げ遅れていたら、信長討ち死にや、織田軍の壊滅という展開もありえた。

最終的に義昭は、信長との抗争に敗れはしたが、陰のフィクサーとしての構想力は侮ることができない独創性があったともいえよう。

苦悩する光秀と幽斎——義昭に翻意を促す

光秀は、信長に仕えた頃、義昭の家臣でもあった。だが、信長の家臣として頭角を現していくうちに、義昭の家臣としての一面は薄れていった。

義昭が朝倉義景や浅井長政と接触し、反織田同盟を結成しようとしていたとき、もしその動きを光秀が察知していれば、いち早く信長へ通告し、信長は越前への出陣を取りやめていただろう。

義昭と信長との二重雇用関係という面では、光秀の盟友である細川幽斎《ほそかわゆうさい》のほうが深刻な問題を抱えていた。

幽斎は、分家筋とはいえ細川家の名跡を継承し、義昭との個人的関係が光秀よりも強かった。保身や自身の出世のみを考えれば、早々に義昭を見限り、二重雇用関係を清算して、信長の家臣になったほうが得策と判断しただろう。だが、幽斎は、足利氏の家臣としての立場を守らざるをえなかったため、義昭を見限ることができず、信長との関係を改めるように進言する忠臣としての役割を演じ続けた。

一方、信長も、義昭の首をいつでも刎《は》ねることができる状況にはあったものの、生かし続けなければならないジレンマに陥っていた。別の言い方をすれば、まだ義昭には室町幕府の将軍として奉じておく利用価値があった。そのため、反織田同盟のフィクサーであることに気づいていながらも、保護下に置き続けたのである。

元亀元年（1570）7月6日、信長は、わずかな護衛の兵を連れて上洛し、将軍義昭に謁見。情勢を報告するとともに、今後の方針について語り合った。まさに虚々《きょきょ》実々《じつじつ》の応酬がなされたのだろうが、具体的な会話の内容は残されていない。8日には、信長は岐阜に戻り、次の作戦行動に向けての準備に移った。


光秀や幽斎は、二重雇用に悩むようなふりをして、実際は信長の命を受けて義昭の監視にあたっていたのかもしれない。義昭にしてみれば、光秀と幽斎は信長側についていることがわかっていても、自分の意思を伝える連絡係として利用できた。

義昭と信長という二人の主君による、腹の探り合いが繰り返されたとみなしたほうが、実態を正しく理解できるだろう。

京都陥落の危機で、窮地の信長を救う

8月20日、信長は、織田軍の主力部隊を率いて岐阜を出陣した。小谷城の浅井勢の動きを封じるため、近江国内に滞在したのちに京都へ移動。25日、三好方の野田城と福島城を攻略するため、京都を出陣した。翌日から城攻めに着手したが、三好方は頑強に抵抗を続けた。

野田城と福島城は、一向一揆の総本山である石山本願寺の目と鼻の先にあったにもかかわらず、信長は、本願寺の住職・顕如《けんにょ》は中立を保つだろうという予測のもと、城を攻めていた。だが、10月12日、顕如はついに義昭の要請に応じ、反織田同盟への参加を決断した。そして、信長打倒を全国の信者に命じるとともに、城攻めのさなかの織田勢に対して攻撃を加えた。

一揆勢との戦いが開始されて10日目の22日、信長のもとへ悲報が伝えられた。その3日前、宇佐山《うさやま》城を守る森可成《もりよしなり》は、城に押し寄せてきた朝倉方に対し、城外に討って出たところ、壮絶な討ち死にを遂げたという。宇佐山城は、残された城兵が必死に抵抗したことから、攻略されなかったものの、朝倉・浅井勢は洛南の醍醐《だいご》や山科《やましな》にまで侵入し、洛中に突入する勢いにあった。信長が一揆方と激戦を展開している間隙を突き、朝倉軍は京都に迫っていたのである。

信長は、浅井勢が小谷城から南下して佐和山（滋賀県彦根市）方面へ進出することができないように手配していたが、北側は包囲できていなかったため、琵琶湖を反時計回りに半周して宇佐山城に攻め寄せてくることを想定していなかった。信長は、京都が陥落の危機にあることを知ると、野田城・福島城攻めを断念して撤退することを決意。このあたりの状況判断の素早さは、金ヶ崎からの撤退とも共通しており、信長の長所の一つとして評価できよう。

義昭は、信長の要請に従って野田城と福島城攻めを観戦しながらも、顕如に対しては反織田同盟への参加を誘い、朝倉義景には浅井長政とともに、京都を攻撃するように密使を送ったと想定できる。義昭は、長政を離反させることにより、信長を窮地に陥れた。信長が姉川合戦の勝利によって立ち直ると、顕如を味方に誘い込むことにより、ふたたび信長を危機的状況へと追い込んだのである。

京都へ撤退した信長は、24日には大津方面に布陣する朝倉・浅井軍に対して攻撃をしかけた。すると、朝倉・浅井軍は比叡山《ひえいざん》へと逃げ込んだ。信長は使者を延暦寺《えんりゃくじ》に派遣し、「織田方に味方すれば、延暦寺の荘園を支配する権利を保障する」という破格の条件を示すとともに、「朝倉・浅井軍を追い払わなければ、根本中堂《こんぽんちゅうどう》をはじめ、すべての建物を焼き払う」と恫喝《どうかつ》した。だが、延暦寺の僧侶たちは、信長から示された提案を無視し、朝倉方が比叡山周辺に駐屯することを許し、食糧を横流しした。

対する信長は、宇佐山城を本陣として、朝倉方と対陣したが、無理に攻撃をしかけることができず、睨《にら》み合いの状態が続いた。

くわえて、畿内周辺では、一向一揆が決起したことから、信長は京都を放棄して、岐阜まで退却することも検討せざるをえないほどの苦境に立たされた。

信長は、将軍義昭と朝廷を動かし、朝倉・浅井勢と和睦を結ぶという窮余の一策により、人生最大級の危地から逃れようとした。対する朝倉方にしてみても、比叡山を駆け下り、京都を攻めるほどの力もなく、季節が冬へと移るにつれ、配下の兵士たちの戦意は下降の一途をたどっていた。12月13日、両者の和睦が成立したことから、朝倉方は本国の越前へ向けて撤退を開始した。

この和睦交渉において、主体的な役割を果たしたのが光秀だった。光秀は公家たちとの交流によって築き上げた人脈により、和睦を命じる勅書が出るように奔走した。また、義昭と接触し、和睦を仲介するように説得した。義昭は、信長を窮地に陥れたものの、信長を京都から追い落とすことは無理と判断し、光秀の説得に応じた。光秀は、義景に仕えていた時期もあったことから、朝倉家にもコネクションがあった。もしかすると、自身で朝倉氏の本陣を訪ね、義景に和睦を提起するという場面があったかもしれない。

多少の想像も交えながら、元亀元年後半の光秀の動きを追ってみた。信頼できる史料では光秀の動向は定かではないものの、その後、光秀が信長から与えられた報酬からすると、その活躍によって和議が結ばれ、主君を窮地から救ったことが読み解ける。

比叡山焼き討ち――信長の命に黙々と従う

光秀は、元亀《げんき》元年（1570）12月、信長と朝倉義景との和睦の成立とともに、宇佐山《うさやま》城（滋賀県大津市）の城主に抜擢された。宇佐山城は、京都の北東を防御するために築かれた軍事的要素が強く、規模的には大きくなかったものの、「一城の主」の座を信長から与えられたという点でも大きな意味があった。

逆説的な見方ではあるが、朝倉方との和睦の締結に奔走したことから、大きな役割を与えられたと提起できる。

ライバルの秀吉は、その半年前に、小谷城攻めのための拠点である横山城の城主を命じられていた。秀吉は、浅井方の動きを監視し、最終的には難攻不落と思われた小谷城を陥落へと導いた。つまり、信長は、光秀と秀吉のライバル心を刺激し、同等の任務を与えて競争させることで、成果をあげようと画策したのである。

元亀2年9月12日、信長は、比叡山延暦寺に攻撃をしかけて壊滅させた。

織田軍は、根本中堂をはじめ、すべての建物を焼き尽くすとともに、抵抗した僧兵だけでなく、稚児《ちご》や高僧までも「撫で斬《なぎ》り」にした。撫で斬りとは、城攻めに際して、城内にいるすべての人間を殺すことを意味し、人間だけではなく、牛馬や鶏までも息の根を止めることが厳命されたのである。

比叡山の僧侶たちには、「王城鎮護《おうじょうちんご》のため建立された延暦寺は攻撃されない」という思い込みがあった。だが、信長は「自分に刃向かえば、ただではおかない」という意識を植え付けるため、撫で斬り戦法を用いた。

信長は、比叡山を焼き打ちにするのと同時に、御所の整備に巨額の資金を投じており、絶妙のバランス感覚を示した。「信長は、旧体制を崩壊させるため、延暦寺を焼き打ちにした」という考え方もあるようだが、信長の意識には、新しい体制も古い体制もなく、自分を中心とした天下を築くため、もっとも効果的な方策を考え、そして実行したに過ぎなかった。このような朝廷工作においても、光秀は、公家たちと折衝することにより、信長のために尽くした。

過去の通説では、光秀は信長の比叡山焼き討ちに不信感を抱き、本能寺の変を起こ

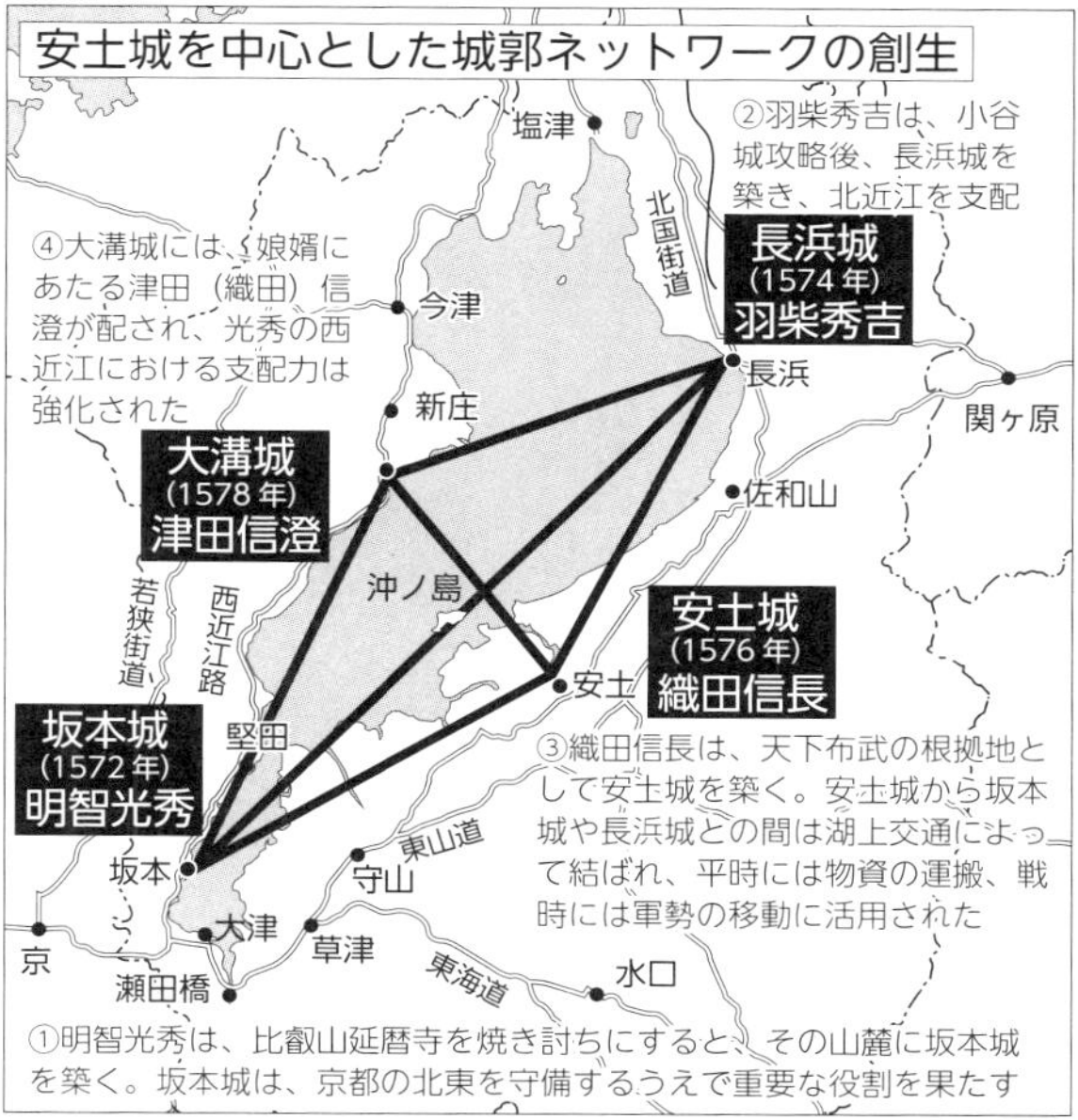

す遠因になったとされる。

だが、光秀が宇佐山城に配置されたのは、比叡山攻撃のための布石だった。また、焼き討ち後、西近江の主要部を占める滋賀郡を恩賞として賜ったことからも、光秀は比叡山攻略作戦で、主体的役割を果たしていたことがわかる。

また、焼き討ち以前の光秀は、主君信長の戦略に対して反対意見を抱くような立場になく、その命令を忠実に実行することにより、異例の出世を果たしていったのである。

坂本城を築き「一城の主」となる

光秀は、信長から山城《やまじろ》である宇佐山城の統治を命じられていたが、元亀2年（1571）12月、琵琶湖の岸辺に位置する平城《ひらじろ》の坂本城《さかもとじょう》へ本拠を移すため、造営工事に着手した。

坂本築城の背景には、朝倉・浅井勢の南下に備え、京都の防衛を固めるという戦術的な意図があった。また、湖岸の広大な土地を活用して城下町を建設し、周辺地域の経営拠点とするという先進的な都市構想を含んでいた。

坂本築城の4年後、信長は光秀に、自身の新しい本拠として安土築城を下命した。光秀は、安土城のプロトタイプ（原型）として坂本城を築いたとも評価できる。

山城《やまじろ》のように地形の高低差が利用できない平城では、堅固な石垣が築けなければ、城としての役割を果たせなかった。

坂本城は、本能寺の変後、秀吉によって攻略され姿を消したものの、石垣によって防御された堅城だったことは、近年の発掘調査によって解明されつつある。

名築城家としての光秀の実績

福知山城石垣
石垣の部材として五輪塔や石仏を転用。不要となった石材をリサイクルして強大な石垣を築き上げた

丹波亀山城石垣
高度な築造技法によって積み上げられた石垣が今日に伝えられる

かつて、延暦寺の門前町として発展した坂本には、穴太《あのう》と称される区域があり、そこに住む職人集団は、古墳時代から堅固な石垣を築く技術に長《た》け、穴太衆と称された。

穴太衆は、安土城の石垣を築いたと伝承されるため、地元の坂本築城にも関与したと考えられなくもない。ただし、近年の研究では、穴太出身の石垣職人が安土城を築いたのではなく、石垣を築く職人集団を穴太衆と称したに過ぎないという説が有力視されている。

光秀は、それまで築き上げた人脈を生かして職人集団を招き、坂本城の石垣を造成させた。古墳造成の時代から石工として知られていた穴太衆は、比叡山焼き討ちによって壊滅したが、光秀は自分が招いた職人集団を穴太衆と命名したのではなかったか。

光秀は、のちに亀山城や福知山城も築いており、築城家としても一流の才能を誇った。土木建築関連の知識もまた、謎に包まれる前半生で習得していなければ、新しい城と都市を建設するという一大プロジェクトは達成できなかったはずである。光秀が放浪時代にマスターした技量は、こうして有効に活用されていったと評価できる。

信長は、自身の版図《はんと》を拡大させると、貢献した家臣に支配を任せることを原則とし、家臣団同士の競争意識を高めることにより、天下布武を一挙に進めようとした。

羽柴秀吉が浅井氏滅亡後、北近江の支配を命じられたのは、天正《てんしょう》元年（1573）であり、柴田《しばた》勝家《かついえ》が越前一向一揆を平定後、北陸の支配を任されたのは、天正3年のことだった。つまり、信長が数十万石単位の領地の支配を一任したのは、光秀が最初の事例だった。

別の見方をすると、元亀2年（1571）の段階で、光秀が坂本城を築き、西近江の支配で実績を残したからこそ、秀吉や勝家も光秀の後に続くことができたとも考えられる。この頃の光秀は、織田軍団の出世頭だった。

室町幕府滅亡——旧主の義昭を見限る

「甲斐の虎」と畏怖された武田信玄《たけだしんげん》。かつては、駿河の今川氏真《うじざね》を共通の敵とし、信長と同盟を結んでいた。だが、今川氏を滅亡へ導くとともに、信長との関係が悪化していくと、義昭からの呼びかけに応じ、反織田同盟へ加担した。

信玄にとって、信長との同盟関係の清算は裏切り行為でもあったが、将軍の命を奉じることにより、大義名分を獲得できた。また、伝統的な権威を重んじたことから、信長による比叡山焼き討ちを暴挙としてとらえたことも、大義名分となった。

義昭は、反織田同盟のフィクサーとして、浅井長政を離反させることにより、信長を窮地に立たせ、また、本願寺の顕如を味方に引き込み、反織田包囲網を強化させた。そして、ついに信玄を決起へと導き、義昭は、信長との戦いに決着をつける局面を作ろうとしていた。ただし「三度目の正直」とはいかず、義昭の目論見とは正反対の結果となり、室町幕府は滅亡の時を迎えることになる。

信玄は、元亀《げんき》3年（1572）12月、三方ヶ原《みかたがはら》合戦に勝利し、徳川家康や信長との戦いを優位に進めた。だが、元亀4年4月、信玄の病没によって情勢は一変した。信玄は、自身の死を秘すことを遺命。信長が信玄の死を確実な情報として把握したのに対し、義昭は信玄が生きていると思い込み、信長への対立姿勢を鮮明にし、槇島《まきしま》城（京都府宇治市）に立て籠もった。だが、待ち詫びた武田軍が来援することはなく、7月、信長に降伏することを余儀なくされた。

義昭は助命され、若江城《わかえじょう》へと落ち延びた。だが、義昭が信長に降伏すると同時に、室町幕府という政治組織は解体されて滅亡したのだった。

同月28日、朝廷は信長の要請に応じ、元号を元亀から天正《てんしょう》と改めた。この改元は、幕府が滅亡し、新しい時代が到来したことを日本国中に印象づけるには、絶大な効果があった。9月には、義昭は信長から将軍職の譲渡を条件にして京都帰還を提案されたため、堺へ移って交渉した。だが、合意には至らず、一向一揆《いっこういっき》の勢力圏である紀伊へ拠点を移した。義昭は、信長に屈服すれば、前将軍として処遇され、生命の安全を

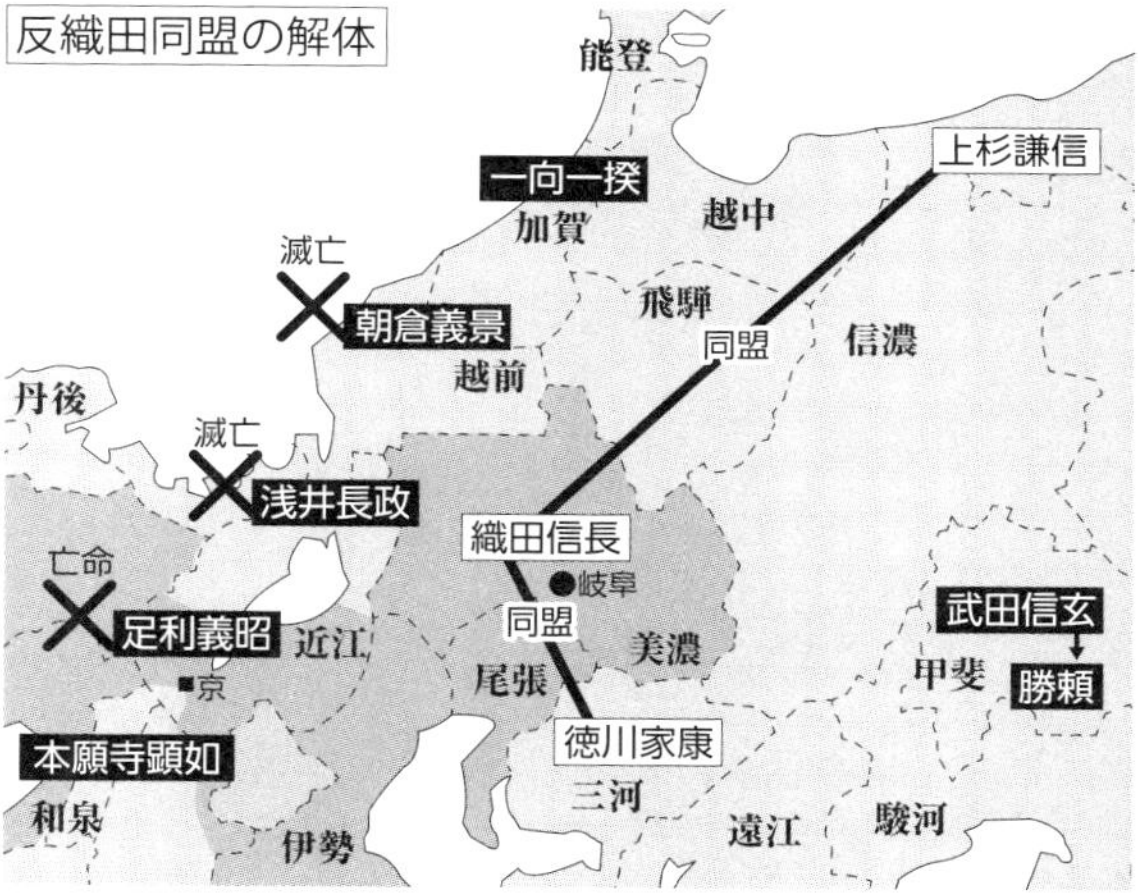

反織田同盟の解体

保障されたものの、誇りを捨てることができず、信長の提案を拒絶したのだった。

もしも信玄が病没せず、京都へ向けて進撃を続けていたら、光秀は、義昭や朝廷と折衝し、和議を締結するため、奔走していただろう。だが結果的には、信玄が病没したことから、信長は危地を脱した。義昭が槇島城で決起し、やがて降伏する過程において、光秀は信長の家臣としての立場を守り、義昭を完全に見限った。かつて主君として仕えた義昭の没落に対し、哀惜《あいせき》の念を抱きながらも、一つの時代の終焉《しゅうえん》として冷静に判断したのだと思われる。

信長は、幕府を滅亡させた勢いに乗じ、

一条谷城と小谷城を攻略し、朝倉氏と浅井氏を一瞬にして滅亡へ導いた。なお光秀は、信長が朝倉氏との抗争劇に決着をつけたとき、坂本城や京都にあり、従軍を命じられることはなかった。

天正2年（1574）正月、信長は、朝倉義景、浅井長政・久政父子の頭蓋骨を装飾品として酒席に持ち出すという趣味の悪い座興まで行った。

『国盗り物語』では、義景の頭蓋骨に注がれた酒を飲むのを躊躇《ためら》う光秀に対して、信長が、無理矢理飲ませるというシーンが描かれる。

信長が頭蓋骨に装飾を施したことは『信長公記《しんちょうこうき》』に記載され、史実として確認できる。だが、それを盃《さかずき》にし、家臣に無理強いするという逸話は後世の創作に過ぎない。

光秀は、かつて主人として仕えた義景に対し、教養人としては親しみの念を抱いていた。だが、戦国大名朝倉氏の当主としては、決断力に欠け、家臣任せにする傾向が強いと判断したからこそ、義景を見限って信長に仕えた。

そのため、光秀は、義景の死や朝倉氏の滅亡に対し、将軍義昭の没落と同じように、時代の趨勢を冷静に見極めていたと思われる。

光秀の苦境

光秀は、比叡山延暦寺が天皇や公家だけに限らず、日本人にとり、大切な存在であることを認知していた。延暦寺だけでなく、旧勢力に対する高圧的な信長の態度と、自身に叛けば壊滅も厭わない、という戦略に対し、光秀は違和感を抱いた。

逆転への決断

比叡山焼き討ちに対し、否定的見解を抱いていた光秀だが、掃討作戦においては、先陣に立って主体的な役割を果たすことにより、信長からの信頼を高めた。そして、坂本城を築くことにより、一城の主へと昇格した。

POINT

信長が天下布武を達成させるためには、優秀な人材を抜擢し、重要な任務を与える必要があった。信長の意図を見抜いた光秀は、羽柴秀吉や柴田勝家とともに、出世競争を演じながら、「一城の主」から「一国一城の主」へと昇進した。

史跡探訪 弐

坂本城——地上から消滅した要衝

坂本城大手門跡

光秀が築城した坂本城は、羽柴軍によって攻略されたのち、徹底的に破壊された。それでも琵琶湖の湖岸には石垣が残されていたのだが、水位の上昇によって、完全に湖底に沈んだ。渇水期には石垣が姿を表し、期間限定ながら、往時の姿を偲ぶことができる。本丸や大手門の跡地には、写真のように痕跡を示す石碑が立つ。たとえ何も残っていないとされる城であっても、わずかな痕跡を見つけ出し、訪ね歩く。それが城郭ファンの性《さが》なのかもしれない。

史跡DATA

住所：滋賀県大津市下阪本三丁目
アクセス：JR 湖西線「比叡山坂本駅」下車／ JR 大津駅から江若バス「下阪本」下車、徒歩約 3 分／湖西道路下阪本 IC から車で約 5 分

第5章

丹波攻略

難攻不落の八上城を制圧。「一国一城の主」へ!

信長の家臣として秀吉と出世頭の座を競う

明智光秀の波瀾《はらん》の生涯は、織田信長への反感を次第に募らせ、ついには「主殺《しゅうごろ》し」を決意するという流れで描かれることが多い。だが、信頼性の低い史料を排除し、一次史料を精査すると、信長は本能寺の変が勃発するまで、光秀を高く評価するとともに、深く信頼しており、両者の関係は良好だったことが読み解ける。

前述したように、比叡山延暦寺《ひえいざんえんりゃくじ》焼き討ちにおいて、光秀は無情の殲滅《せんめつ》命令を下した信長に対し、不信感を抱き、そのことが本能寺の変の遠因になったのではないかとする見方もある。だが、光秀は、信長の命令を受けつつ、焼き討ち作戦を主導する立場にあり、作戦が成功すると、その功績によって近江西部の支配を任された。多少の葛藤《かっとう》があったとしても、光秀は、比叡山を壊滅させた最大の功労者だった。

信長は、自身の版図を拡大させると、貢献した家臣に支配を任せることを原則とし、家臣団内部の競争意識を高めることにより、天下布武《てんかふぶ》を推進しようとした。その原則に従い、光秀は、西近江の支配を許されたのである。

光秀と同じように、羽柴秀吉もまた、織田軍団において異例の出世を続けていた。浅井氏が滅亡すると、浅井領であった北近江の地と小谷城は、秀吉に与えられた。はじめ、秀吉は小谷城を本拠としていたが、天正2年（1574）6月には新しい城の建設に着手。小谷城は、戦国時代屈指の山城ではあったが、琵琶湖から離れていたため、水上交通の便に恵まれていなかった。そこで、秀吉は琵琶湖のほとりの今浜の地に目をつけ、築城工事を開始したのだ。なお、今浜から長浜（滋賀県長浜市）へと改称されたのは、秀吉が主君信長へのご機嫌取りのため、「長」の一字を使用したことによる。秀吉は、浅井から自身へ領主が代わったことを印象づけ、民心を一新するため、本拠を移そうとしたのである。

元亀2年（1571）の段階では、秀吉との出世競争は、光秀が一歩リードしていた。だが、長浜城の造成に着手した段階では、秀吉が光秀に追いつき、さらに半歩リードをした状況だったともいえよう。

信長は、新参の光秀と秀吉に加え、譜代の柴田勝家にも重要な役割を与え、成果を

秀吉との出世競争年表

ライバル

	秀吉	光秀
出生	天文6年（1537）誕生	享禄元年（1528）頃誕生
信長の家臣になる	天文23年（1554）17歳	永禄11年（1568）41歳
城将に昇格	元亀元年（1570）横山城の守備を下命	元亀2年（1571）宇佐山城の守備を下命
一城の主となる	天正2年（1574）長浜城を築く	元亀3年（1572）坂本城を築く
方面軍司令官へ昇格	天正5年（1577）中国方面軍司令官へ昇格	天正8年（1580）近畿山陰方面軍司令官に昇格
一国一城の主となる	天正8年（1580）播磨一国の支配を拝命	天正8年（1580）丹波一国の支配を拝命

決戦
天正10年（1582）山崎合戦

競わせた。

天正《てんしょう》3年（1575）8月、信長は越前《えちぜん》へ侵入し、約3万人もの一向一揆《いっこういっき》の門徒《もんと》衆《しゅう》を殺害することによって国内を平定した。

勝家は、越前の支配を信長から命じられるとともに、北庄城《きたのしょう》を新たな本拠に定め、加賀《かが》、能登《のと》、越中《えっちゅう》へ織田領を拡大する使命を信長から課せられた。

「天下布武《てんかふぶ》」を究極の目標として掲げ、邁進《まいしん》を続けた信長。革新的な人事管理術により、織田家臣団は、戦国最強軍団へ成長を続けた。

その流れのなかで、光秀もまた、信長の家臣として成長を続けていったのだ。

光秀中心の精鋭部隊、明智軍団を創設

前半生の光秀は、妻子を養うのに苦心するほどだったとも伝えられ、多くの家臣を雇用する経済的な余裕はなかった。そのため、異例の出世を続ける過程で、大量の家臣を新規にスカウトする必要が生じた。

光秀は、同じ美濃出身の斎藤利三《さいとうとしみつ》を家臣団筆頭格の地位につけ、明智軍団の強化にあたらせた。智勇兼備《ちゆうけんび》の利三は、主君の光秀と一心同体となって明智家のために尽くした。

だが、利三は、かつて主君として仕えた稲葉《いなば》良通《よしみち》（一鉄《いってつ》）の許可を得ないまま、光秀の家臣となったことから、明智氏の家臣としての地位が定まっていなかったとされる。信長は、稲葉サイドからの抗議を受けると、光秀に対して利三の放逐を命じた。だが、光秀は従うことなく、信長から激しい叱責を受けたことが本能寺の変を起こす一因になったともいう。

明智秀満《ひでみつ》は、光秀の従兄弟ともされるものの、出自は定かではない。諸国放浪の時代から、家臣として光秀に従ったとされる。光秀の三女は、荒木村重《あらきむらしげ》の嫡男の村次《むらつぐ》に嫁いだのち、離縁されると、父の命に従って秀満に嫁いだ。秀満は、主君の娘婿となると、一族衆の筆頭として明智軍団を統率した。

光秀は、妻の生家である妻木城《つまき》（岐阜県土岐市）主の妻木氏を重用するなど、美濃出身者を家臣団の中核にすえた。そして、支配地を拡大するにつれ、西近江《にしおうみ》衆や丹波衆を傘下に従え、軍団の強化を目指した。

元亀4年（1573）7月、義昭が追放され、室町幕府が滅亡すると、主君を失った幕臣たちを家臣として雇用することにした。

新たに光秀の家臣となった伊勢一族は、旧幕府では政所執事《まんどころ》として幕府財政の管理と運用を総括していた。そのため、幕府の直轄領を支配するうえで必要なデータや、畿内一円の商業資本に徴税するためのシステムを保有するなど、行政官として最高クラスの超エリート集団だった。

伊勢一族をはじめ旧幕臣たちは、戦場での活躍が期待される「武官」としてよりも、

明智軍団編成表

明智光秀

- 一族衆：**明智秀満**、明智次右衛門、妻木一族ほか
- 譜代衆：**斎藤利三**、**溝尾庄兵衛**、三宅藤兵衛、**藤田伝五**、池田織部、進士作左衛門、奥田宮内ほか
- 西近江衆：猪飼昇貞、磯谷久次、和田秀純、林員清、山岡景佐、馬場孫次郎、居初又次郎ほか
- 山城衆：佐竹出羽守、渡辺宮内少輔、山本対馬守ほか
- 丹波衆：荒木山城守、**四王天但馬守**、**松田太郎左衛門**、**並河掃部**、荻野彦兵衛、野々口彦介、中沢豊後守、小畠一族ほか
- 旧幕府衆：**伊勢貞興**、御牧三左衛門尉、諏訪飛騨守ほか

支配地拡大とともに拡張した家臣団

光秀は、縁戚関係のある**斎藤利三**や**明智秀満**をはじめ、美濃衆（譜代衆）を家臣団の中核として育成。西近江、山城、丹波と支配地を拡大させるとともに、地元の国人衆を家臣として取り立て、雪だるま式に明智軍団を拡張させていった

領内を支配する「文官」として、光秀を支えた。

光秀が信長を討ち、天下を取ろうとする野心を抱いた背景には、こうした優秀な家臣団の存在もあっただろう。

光秀が家臣に下した軍令状では、将兵は、総大将である自身の命令に従い、自分の判断で行動はしてはならない、そして、軍令を犯した者は死罪に処す、と定められている。

光秀は、日々の生活では家臣や領民に対して細やかに気を配る篤実さを見せたが、戦時には自身の命令に絶対的に従う軍団を理想としたといえる。

黒井城攻め――信長からゴリ押しされた作戦で大敗

戦国時代において、いまの市町村単位の領域を支配した中小規模の領主のことを「国人《こくじん》」と称し、国人たちの集団を「国人衆《こくじんしゅう》」または「国衆《くにしゅう》」という。

2016年放送のNHK大河ドラマ『真田丸《さなだまる》』では、真田昌幸《まさゆき》が「我ら信濃《しなの》の国衆」と語るシーンがあったように、国衆や国人衆は、地域との密着性が強い領主を表現する言葉として定着しつつある。

かつて、戦国時代といえば、メジャーな戦国大名による興亡が注目され、地方の国人衆は、戦国史の主流から外れた存在とみなされていた。だが、近年では、メジャーな戦国大名だけではなく、彼らの果たした歴史的意義についての研究や理解が深まっている。

戦国時代の信濃では、国人衆が離合集散を繰り返していたが、武田信玄によって支配された時期もあった。信濃と同じような山国である丹波では、守護の細川氏が没落

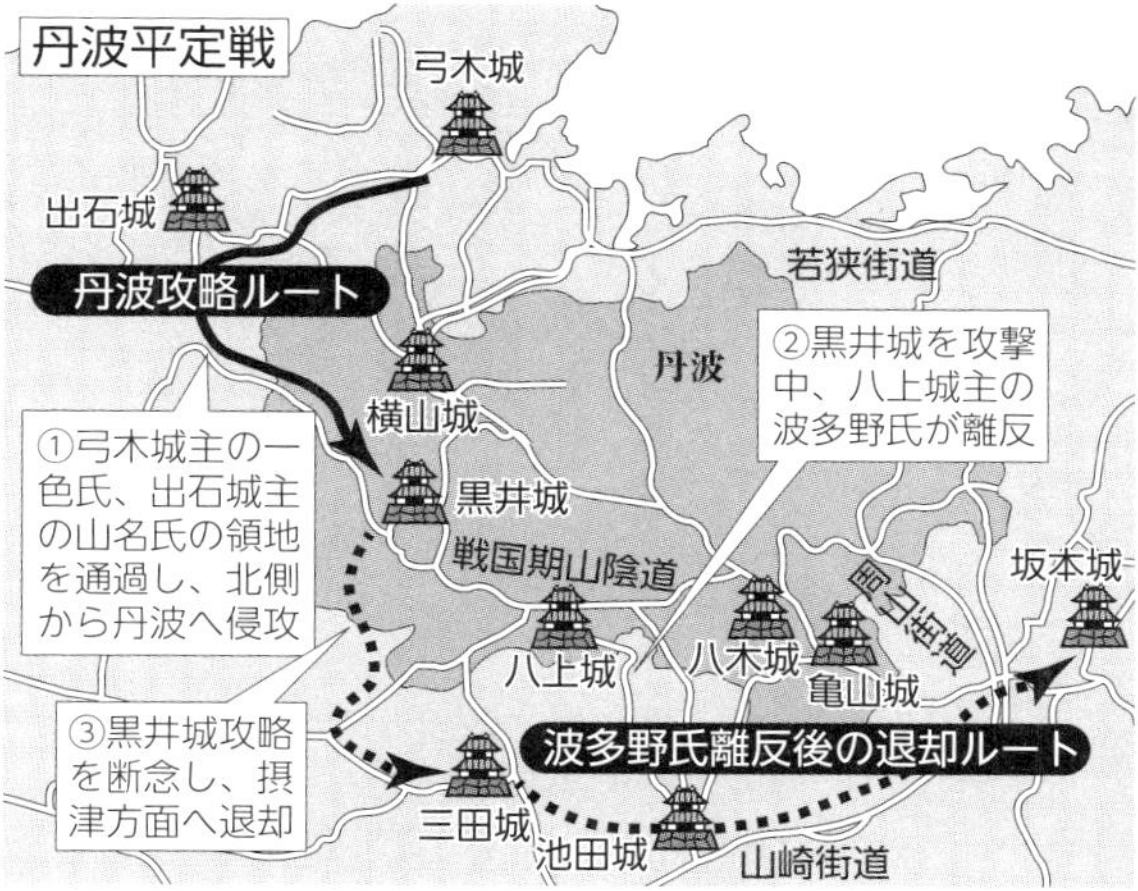

するとともに、国人衆が自立する傾向を強めた。八上城主の波多野《はたの》秀治《ひではる》、黒井《くろい》城主の荻野《おぎの》（赤井）直正《なおまさ》は、丹波の国人衆のなかでも、旗頭《はたがしら》の地位にあった。両者は、縁戚関係を結びながらも、勢力圏を巡って争うこともあった。

永禄11年（1568）、信長が上洛すると、丹波の国人衆は臣従を誓った。このとき、波多野氏や荻野氏らも、表向きは信長に従う姿勢を見せたが、本心は違った。自分たちの領地を守る手段として、ひとまず信長に忠義を尽くす体裁をとったに過ぎなかったのである。

元亀2年（1571）、荻野直正は、将軍義昭の要請に応じ、反信長戦線に加担するとともに、織田方に属した但馬《たじま》出石《いずし》城主の山名《やまな》氏の領土に侵攻した。一方の信長は、反信長戦線への対応に追われ、自身に叛いた直正に対し、反撃に転じることができないまま、数年の歳月が経過した。

天正4年（1576）正月、光秀は信長の命を受け、黒井城に攻撃をしかけた。波多野秀治は、黒井城へと進撃する明智軍に、協力する姿勢を見せておきながら、いざ攻撃が開始されると、掌《てのひら》を返して荻野軍とともに明智軍を攻撃してきた。波多野軍による突然の裏切りにより、明智軍は統制がとれない状況に陥り、坂本城への撤退を余儀なくされた。

それまで破竹の勢いで連戦連勝を続け、信長の天下布武に多大な貢献をしてきた光秀にとって、黒井城攻めの敗戦は、生涯最大の汚点となった。

ただし、光秀にしてみれば、信長の作戦命令を忠実に実行したことによる失敗であり、この一敗で実戦指揮官としての評価が下がることはなかったと思われる。

八上城攻め――包囲の輪を縮め、陥落へと導く

光秀は、黒井城攻めでの敗戦を教訓にし、丹波平定に向けての態勢を固め直すことにした。まず、丹波国人衆の切り崩しを策し、領地の保障を条件にして織田家への服属を促した。また、八上城《やかみ》にターゲットを絞り、侵攻ルートを確保しながら、包囲態勢を整えた。

光秀は、天険の山城である八上城を攻めあぐね、自身の母を人質に差し出して、ようやく波多野氏と和議を結ぶことができた。これにより、波多野秀治・秀尚《ひでひさ》兄弟は、信長の臣下となることを決心し、安土城へ赴くのだが、信長に磔《はりつけ》に処されてしまうのである。光秀は、八上城を攻略できたものの、人質となった母親は籠城兵によって殺害されてしまった――。

以上の八上城陥落の経緯は『総見記《そうけんき》』を出典とし、光秀が信長に遺恨を抱く一因となったエピソードとして名高い。だが、貞享《じょうきょう》2年（1685）前後に成立した『総見

記』は信憑性が低く、史実としては認定できない。

対して、信憑性の高い『信長公記《しんちょうこうき》』では、光秀が調略によって波多野秀治・秀尚兄弟を捕らえて安土に送ったところ、天正7年（1579）6月2日、信長が処刑したと記録される。調略の詳細は不明ではあるが、自分の母親を人質として差し出すという方策はとらなかったと想定できる。

なぜなら、いくら冷酷といわれた信長であろうと、家臣の実の母親を死に至らしめるような暴挙を犯すはずはないだろうと思われるからである。この一件が事実であれば、信長は家臣に限らず、そのことを知ったすべての人々から、非道の魔王として怨《えん》嗟《さ》を受け、また嘲笑《ちょうしょう》の対象にもなりかねなかった。

光秀の母親殺害の一件は、おそらく江戸時代以降、光秀が信長への怨恨から謀叛《むほん》を決意したというストーリーを補強するため、創作されたと思われる。

信長が下した無理難題により、苦境に陥りながらも、逆転へ転じる道を探りながら、傑出した決断力により、課題を克服する。丹波攻略戦では、逆境をバネにして前進を続けた光秀の生き方が示されたといえよう。

パワハラへの抵抗から起きた、荒木村重の謀叛

光秀は、丹波平定作戦を進行させながら、石山本願寺攻め（1570〜80）、信貴山《しぎさん》城攻め（1577）、有岡《ありおか》城攻め（1578〜79）に従軍するなど、織田軍団の一員として各地を転戦していた。

八上城の包囲体制が固められつつある頃、荒木村重《あらきむらしげ》は、主君の信長を信じることができず、敵への内通を疑われると、天正6年（1578）7月、叛旗を翻して有岡城に立て籠もった。厳重に包囲され、降伏勧告を受けても、村重は「波多野兄弟のように処刑されたくない」という恐怖心から、和議に応じることなく、翌年の9月に逃亡するまで徹底抗戦を続けた。

自身に叛いた人間を絶対に許さない信長の過酷な性格は、家臣たちに絶対的な服従を強いると同時に、強い恐怖心も植え付けていたのだ。光秀は、信長の過酷な性格が招く反乱事件の尻拭いを次々にさせられながら、主君信長への警戒心を強めていった。

光秀は、文化教養人であり、茶人としても名高い村重と心を許し合う関係にあり、村重の嫡男である村次《むらつぐ》に娘を嫁がせるなど、縁戚関係にあった。村重は、謀叛を決意するときに、村次の妻を光秀の元へ送り返した。信長は、有岡城陥落後、捕縛《ほばく》した村重の家族をはじめ、家臣たちの妻子を含め、122人を処刑したのだが、光秀の娘は難を逃れることができた。なお、荒木家を離縁になった娘は、明智秀満に再嫁する。

茨木《いばらき》城主の中川清秀《きよひで》と、高槻《たかつき》城主の高山右近《たかやまうこん》は、村重との関係が深く、織田軍団の組織図のなかでは、与力《よりき》として村重に従属していた。だが、二人は保身のため、村重を見限り、信長に忠誠を誓って有岡城攻めに従軍した。有岡城が陥落したのち、荒木領が池田恒興《つねおき》に与えられると、二人は恒興の与力として配され、その支配下に加えられた。

恒興の母は、信長の乳母《うば》だったことから、その信任は篤く、織田軍団の中で順調に出世を続けていた。信長としては、乳兄弟《ちきょうだい》の恒興を織田軍団の司令官クラスに取り立てたいところだったが、戦場では抜群の働きをしても、恒興に数万単位の軍勢を指揮する器量はないと判断した。そのため、織田軍団の指揮系統では、光秀をトップとす

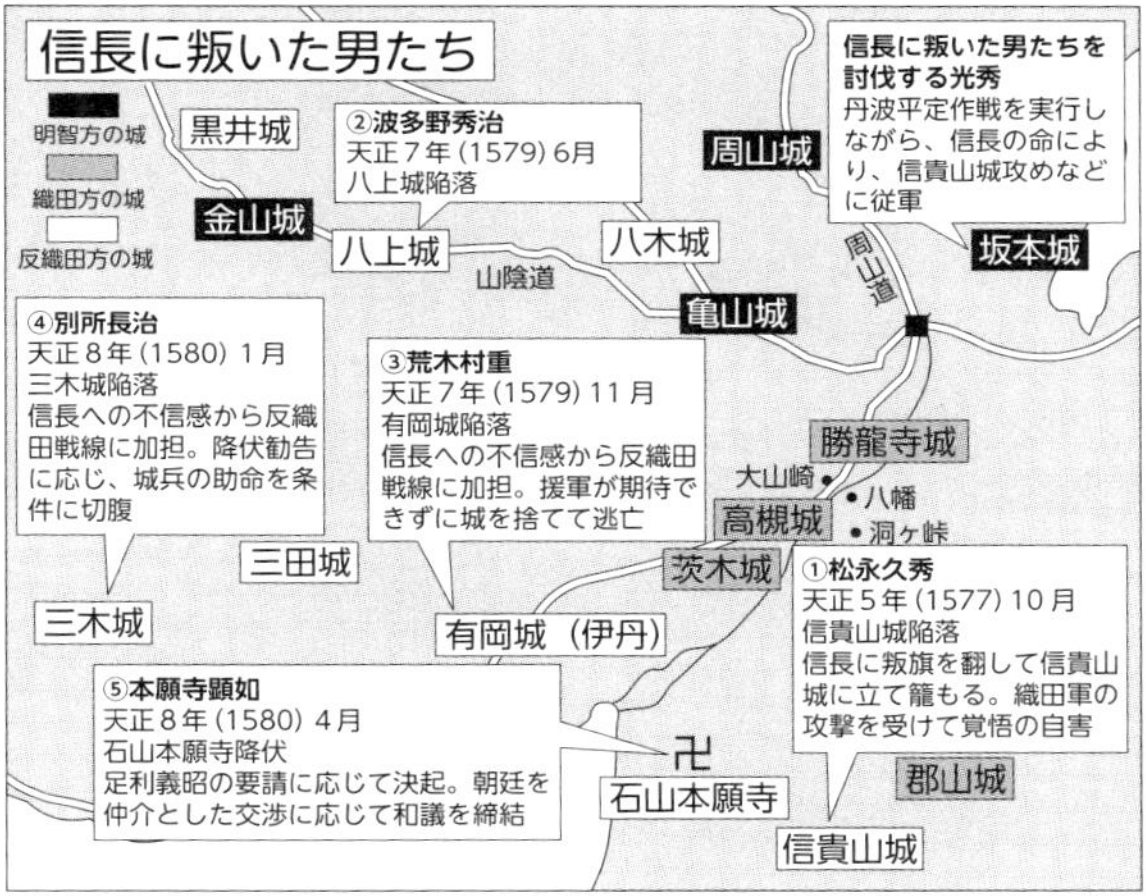

る近畿・山陰方面軍の配下へ恒興を組み込んだ。

だが、恒興にしてみれば、信長の乳兄弟である自身が新参の光秀の配下となることは、面白くなかった。

このことは、本能寺の変が勃発すると、恒興が光秀を裏切り、秀吉に味方する背景となった。清秀と右近は、光秀に対して特別な感情を抱いていなかったものの、勝ち馬に乗るため、恒興と同一の行動を選択した。

有岡城の陥落（1579）から、本能寺の変勃発（1582）までの3年の間に、様々な伏線が張られつつあったといえよう。

丹波亀山城を築き、百万石の戦国大名となる

天正6年（1578）、光秀は、丹波平定の前進基地として亀山城を築いた。また、丹波平定後は北部地域を支配する拠点として横山城を大改修し、福智山（福知山）城と改称した。光秀は、堅固な城を築くとともに、先進的な経営センスを生かし、城下町を建設した。そして、商人を呼び寄せて商業活動を展開させ、都市として発展する基盤を整えた。また、最先端の土木技術を利用し、河川を改修することにより、農地を拡大したことから、領民たちからは名君として慕われたという。

光秀は、本能寺の変前夜には、近江西部、丹波の支配を任されるとともに、丹後宮津城主の細川幽斎、大和筒井城主の筒井順慶、摂津大坂城主の池田恒興らを与力大名として統率下に従え、その支配領域は120万石にも及んでいた。

しかし信長は、本能寺の変の前夜、まだ成し得ていない中国征討の成功を前提に、光秀から畿内周辺の所領を召し上げ、旧毛利領の出雲《いずも》と石見《いわみ》への転封《てんぽう》を命じたという。

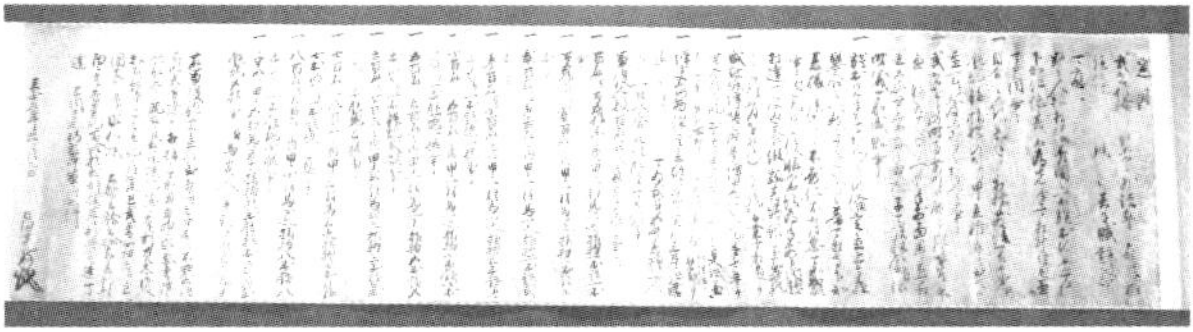

「明智光秀家中軍法」（所蔵：御霊神社〈京都府福知山市〉、画像提供：福知山市）

光秀は、この転封命令への不満から、本能寺の変を起こしたともされる。光秀にしてみれば、自身の手腕によって発展を続ける坂本の城下町や、丹波一国を手放すことへの惜別の思いは、さぞ強いものがあっただろう。

だが、たとえ出雲へ転封されたとしても、光秀の手腕をもってすれば、新天地でも領民を統治し、新しい都市を創出しながら、九州侵攻への拠点を築くことができたに違いない。

奇《く》しくも、本能寺の変勃発の1年前にあたる天正9年（1581）6月2日、「明智光秀家中《かちゅう》軍法」が制定された。その末尾の条文において、光秀は「瓦礫《がれき》沈淪《ちんりん》の輩《やから》」と称し、川の底に沈んだ石ころのような自身を家臣に迎え、しかも、過分な地位を与えてくれた信長に対する感謝の想いを記した。

この条文からは、戦国武将としての光秀の気概が感じられるとともに、謀叛を決意する1年前の時点では、主君の信長と良好な関係を維持していたことが読み解ける。

「明智光秀家中軍法」で読み解く家臣団統制

第一条 戦場において、指揮官以外は大きい声をあげ、雑談してはいけない。付則条項＝合戦の序盤で軍勢の配置や鯨波《げいは》（大声をあげて敵を威嚇すること）は命令に従うこと。

第二条 先鋒部隊は、伝令の到着の後、その命令に従うこと。ただし、先鋒部隊のみで行動をする場面では、事前に通告された命令に従うこと。

第三条 先鋒部隊をはじめ、それぞれの部隊は、集団としての結束を維持するとともに、前後の部隊と連絡を取り合うこと。付則条項＝鉄砲・鑓《やり》・指物《さしもの》・のぼり・甲冑《かっちゅう》武者・足軽は規定された陣形を維持する。

第四条 行進の際、騎馬隊が遅れてしまうようでは、突発的な戦闘で役に立たない。そのような場合は領地を没収する。時によっては死罪に処す。

第五条 陣形を定めていても、突発的に戦闘が開始されることもある。それでも命令を守ること。勝手に戦いを開始した者は、身分に関係なく死罪に処す。付則条項＝使者によって伝えられた命令には、どんな場合でも従うこと。たとえ、手柄を立てたとしても命令に叛いた者は厳しく処分する。

第六条 移動時や戦闘時の抜け駆けは、堅く禁止する。ただし、事前に命令があった場合は、後続部隊の到着を待ちながら、状況を判断する。付則条項＝退却は禁止する。

第七条 輸送要員が運搬する重量は、一人につき、三斗（約45kg）とする。ただし、遠方へ向かう場合は、二斗五升（約37・5kg）とし、一人の食料は一日八合を支給する。

第八条 百石から百五十石の内は、甲冑を装備した者一人・馬一疋・指物一本・鑓一本を装備した兵士を出陣させよ。

第九条～第十七条 石高別に将兵の動員数を規定。数値は省略。

第十八条 千石は甲冑を装備した者五人・馬五疋・指物十本・鑓十本・幟二本・鉄砲五挺を出陣させよ。付則条項＝騎馬武者一人は、二人に相当する。

光秀は、合戦のさなか、将兵が私語を交わすことにより、全軍の統率が乱れると判断し、一切の私語を禁じた。軍法の基本精神は、総大将である光秀の命令に全軍が忠実に従いながら、それぞれが本分を尽くすことにあった。このような軍法は、織田軍団に限らず、類例がなく、光秀が明智軍団を強化するため、知謀を尽くしたことが読み解ける。

破竹の勢いの陰に、幽斎との微妙な上下関係

光秀は、八上城を攻略すると、その勢いに乗じ、丹波国内の波多野方の拠点を攻略した。

天正7年（1579）7月、光秀は丹後へ侵攻し、丹後守護の一色義道《いっしきよしみち》を自害へ追い込んだ。義道は、信長が上洛すると、従属することを誓ったものの、足利義昭が反織田同盟を結成すると、信長と断絶し、波多野氏や荻野（赤井）氏と協調していた。光秀は、一色氏の重臣たちへの内応工作をしたうえで作戦行動を開始したことから、義道は逃げ場を失って自害を余儀なくされたのである。

一色氏の家督が義道から子の義定《よしさだ》へ引き継がれると、光秀は、和議を結んで丹後の北半国を一色氏の領地として認め、南半国を織田氏の勢力圏に加えた。

8月には、丹波黒井城を攻略し、荻野氏を滅亡へと追い込んだ。その3年前、光秀

は黒井城を攻撃中に波多野氏の離反によって敗走を強いられるという苦難を強いられた。だが、波多野氏を滅亡へ導き、その余勢に乗じて黒井城を攻略することにより、リベンジに成功したのだった。なお、戦国屈指の名将として知られた荻野直正が黒井城陥落の5カ月前に病没していたことも、光秀にはプラスに作用していただろう。

天正8年（1580）8月、光秀は丹波一国の支配を信長から命じられた。このときすでに、光秀は近江西半国の支配を認められており、近江は生産力が高いことから、西半国の領主といっても一国の主の座に等しかった。とはいえ、丹波一国の全土を支配することにより、ついに「一国一城の主」へと出世したのだった。

また、丹後一国のうち、北半国を一色氏の所有と認めるとともに、南半国は、細川幽斎が信長から領有することを認められた。幽斎は、義昭との関係を清算できなかったものの、元亀4年（1573）3月、つまりは幕府滅亡の4カ月前、信長に対して臣下として服属することを誓い、義昭との関係を断絶した。その後、織田軍の一員として行動しながら、光秀の丹波攻めには「与力《よりき》」として従軍した。

信長は、天下布武を一気に推進する手段として、地方別の方面軍を組織し、優秀な家臣を司令官に抜擢した。方面軍には、自身の家臣を与力という肩書で従属させ、補佐させるとともに監視役の任務を与えた。光秀は、丹波平定の過程において、畿内から山陰へ織田氏の勢力圏を拡大する任務を信長から与えられた。信長は、光秀と密接な関係にあった幽斎を、光秀の与力とすることで光秀を補佐させつつ、その行動を光秀に監視させたのである。

天正6年（1578）8月には、光秀の娘玉《たま》が幽斎の嫡男である忠興《ただおき》に嫁ぎ、二人は縁戚関係でも結ばれた。ただし、幽斎が光秀の与力になったことで、光秀は織田氏の組織図のなかでは、幽斎よりも上位に立つことになった。

二人が出会った時点では、御供衆《おともしゅう》の幽斎は、諸国放浪中の光秀よりも格段に上位の格式を誇っていた。しかし、歌道や茶の湯に親しむという文化的な側面で趣味が合った二人は、いつしか現実世界での上下関係とは別に、尊敬し合う間柄になっていったのではないかと思われる。その関係は長く続き、天正9年（1581）4月には、連歌師の里村紹巴《さとむらじょうは》とともに、天橋立《あまのはしだて》を遊覧するなどして親交を温めている。

しかし、戦国乱世をどのように生きるかという面では、光秀と幽斎は、やがて別々の道を歩むことになるのである。

功績を評価されながらも、芽生える警戒心

光秀は信長の家臣になってから、まさに東奔西走の日々を過ごした。天正7年（1579）後半までは、丹波や丹後の平定のため、明智軍団はつねに稼働状態にあった。だが、それ以降は天正10年（1582）6月2日の本能寺の変まで、全軍が臨戦状態へ移行することなく、それまでの激戦の日々と比較すると、平穏な日々が続いた。

天正8年（1580）8月12日、信長は、石山本願寺攻略軍の司令官の任にあった佐久間信盛《のぶもり》を解任するとともに、高野山への追放処分に科した。

信盛は、父信秀の代から織田家に仕える筆頭家老であり、石山本願寺を屈服へと導いた功労者だったのだが、この追放劇により、用済みになった者は、旧臣であろうと容赦なく切り捨てにする、信長の過酷な家臣団統制の一端が示された。

光秀は、これを見て信盛のように使い捨てにされることへの恐怖心から、本能寺の

変を起こしたともいわれる。ただし、信盛の解任により、近畿方面司令官としての光秀の管轄エリアが拡大され、ステータスを向上させたという一面も指摘できる。

信長は、信盛への弾劾状《だんがいじょう》（折檻状《せっかんじょう》）を作成することにより、追放の正当性を天下に示した。この弾劾状では、信盛の無能さを明確にする対照として、光秀をはじめ、羽柴秀吉や柴田勝家らが方面軍司令官として功績を積み重ねていることを強調した。

たとえば、光秀が丹波を平定したことを「天下の面目をほどこし候《そうろう》」と絶賛した。秀吉のことは「次に羽柴藤吉郎、数カ国（での働き）比類《ひるい》なし」と称賛したが、播磨《はりま》や但馬《たじま》など、数カ国を平定した秀吉よりも、光秀を筆頭に掲げることにより、高い評価と信頼感を示したことは明確だった。

信長は、この弾劾状において、信盛が方面軍司令官の大役を与えられながらも、いかに無能であったか、憤懣《ふんまん》の情を示しつつ、以下のように列挙した。

信盛は、石山本願寺を攻めるのに、包囲網を強化するばかりで、調略戦をしかけることなく、無策のうちに時間を浪費した。有能な武将を家臣として召し抱えることなく、働きに応じて評価しない。信盛の家臣たちは、分不相応な贅沢を好み、合戦では使い物にならない。信盛は、欲が深く、配慮が足らず、人を見る目がなく、油断が多く、武将としての力量に欠ける――。

信盛への酷評を裏返してみると、信長が方面軍司令官に求めた〝資質〟が垣間《かいま》見えてくる。

これを光秀に当てはめてみると、より実像がわかりやすくなる。

光秀は、調略をしかけることにより、強敵を着実に打倒した。また、有能な家臣を雇い、適材適所の人事管理により、近畿方面軍を強化し、主君の期待に応えつづけた。だからこそ、光秀は秀吉や勝家よりも方面軍司令官として高く評価されたのである。

光秀は、主君信長から高く評価されていたことは自覚していたものの、自分に「機能」としての使い道がなくなったとき、あっさりと切り捨てられることへの警戒心も抱きつつあった。

天正8年（1580）12月、大和郡山《こおりやま》城主の筒井順慶《つついじゆんけい》は、坂本城を訪れ、光秀に御礼を言上した。

順慶は、長年にわたって松永久秀《まつながひさひで》と大和一国の領有を巡って争っていた。対する久

光秀が指揮した近畿・山陰方面軍の構成

信長の方面軍構想

信長は、領土の拡大とともに、地域別に方面軍を創設することにより、天下布武を加速させようとした。光秀は、信長から近畿エリアの支配を委任されるとともに、山陰エリアへ勢力圏を拡大することを期待され、近畿・山陰方面軍の司令官の役割を任された

明智光秀（丹波亀山・近江坂本城主）

近畿方面軍（天正8年成立）

- 旗本・譜代家臣　明智秀満・明智次右衛門・藤田伝五・斎藤利三・溝尾庄兵衛・三宅藤兵衛
- 近江衆
- 山城衆
- 旧幕府衆
- 丹波衆
- 筒井順慶（大和郡山城主・光秀と縁戚関係を締結）
- 細川幽斎（丹後宮津城主）・忠興（正室は光秀娘）
- 池田恒興（摂津有岡城主）
- 中川清秀（摂津茨木城主）
- 高山右近（摂津高槻城主）

光秀の傘下に属した細川、筒井ら与力大名たち

松永氏の滅亡後、大和統治を命じられた筒井順慶や、丹後宮津城主の細川幽斎は、与力大名として明智軍団の傘下に属し、光秀の指揮下に入った。のちには池田恒興、中川清秀、高山右近らの摂津衆も与力大名に加わった。

秀は、足利義昭の要請に応じて反織田同盟に加担したものの、信長による討伐軍を受け、天正5年（1577）10月、信貴山《しぎさん》で無念の自害を強いられた。なお、久秀は自身の遺骸が信長によって弄ばれないように爆薬によって粉々にしている。

光秀は、丹波攻略戦のさなかでありながら、信貴山城攻めに従軍するとともに、大和国内の検地にあたるなど、戦後処理にあたった。光秀は信長に対して、大和一国の支配を順慶に認めるように働きかけ、承認を得ることができた。それで、順慶は感謝の意思を示すため、坂本城を訪れたのだった。

実子のいない順慶は、光秀の次男の十次郎を養子に迎えており、光秀とは縁戚関係にあった。また、信長からは近畿・山陰方面軍の与力として光秀の指揮を受けるように命じられていた。光秀は、縁戚関係にあった順慶が大和一国を支配できるように意を尽くした。

であれば、順慶は、光秀から受けた恩義に、死力を尽くして応えるべきだったのだが、残念ながら彼は義理人情よりも、自身の生き残りを最優先するタイプの戦国武将だった。

光秀の苦境

信長の命令を忠実に実行することは、光秀にとって至上命題だった。丹波平定では、信長の作成した作戦計画を実行に移したところ、荻野氏や波多野氏の反撃を受け、敗走を余儀なくされた。光秀はその生涯において最大級の苦境に陥った。

逆転への決断

信長の作戦計画には無理があった。だが、不平をもらすことなく、国内の中小勢力を味方につけ、敵の拠点を包囲攻撃によって攻略するという基本的戦術を地道に実行。その結果、丹波一国を平定し、信長からの信頼感を高めた。

POINT

光秀は、信長から下された命令を着実に遂行することにより、家臣として着実に地歩を固め続けた。

だが、一国一城の主へと出世し、さらに勢力を拡大させていくなかで、自身が天下人になる野望が芽生えていくのであった。

史跡探訪 参

八上城——攻めあぐねた要害

本丸に残された石垣

光秀が死力を尽くして攻略した八《や》上城《かみじょう》。山麓の春日神社の登り口から山頂の本丸までの標高差が約230メートルにも及び、80階建てのビルに相当する高さとなる。西国屈指の山城であり、石垣や空堀など、多くの見所が今日に伝えられることから、半日がかりで、じっくりと攻めたい。最寄りの篠山口駅からはレンタサイクルも利用可能。篠山城と城下町を探査したのちに八上城を訪れれば、城郭ファンには、山城から平城へという発達の歴史を体感できる夢のコースとなる。

史跡DATA

住所：兵庫県丹波篠山市殿町
アクセス：JR 福知山線「篠山口駅」より神姫グリーンバスで「八上本町」下車、春日神社まで徒歩約 3 分／春日神社口から山頂まで徒歩約50分／舞鶴若狭自動車道・丹南篠山口 IC から車で約15分

第6章

各説検証：信長襲殺への道

使い捨てにされる苦悩と焦燥——光秀を謀叛に駆り立てたものとは？

怨恨説：甲州攻めで信長から暴行を受けたのか

本章では、「本能寺の変」の勃発原因について、巷間で様々に取り上げられる説を検証し、その可能性について分析を加えながら、真偽を説き明かしたい。

天正10年（1582）3月2日、つまり本能寺の変勃発の3カ月前、信長の嫡男信忠《のぶただ》が率いる4万人の大軍は、武田方の高遠城《たかとおじょう》を攻め落とし、城将の仁科盛信《にしなもりのぶ》（武田勝頼の弟）を討ち取った。わずか1日の攻防戦で東国屈指の要衝を血祭りに上げたことの衝撃は大きく、同月11日、武田勝頼は無念の自害を余儀なくされた。

信長は、武田攻めの指揮を信忠に任せ、安土城を出陣したのは5日であり、伊那路《いなじ》を悠然と進軍しているさなか、武田氏の滅亡を知った。勝頼の首が届けられて検分すると、京都へ送って反逆者として晒《さら》すことを命じた。

光秀は、武田攻めに参陣したものの、信忠が率いる主力部隊ではなく、信長と行動を共にした。

信長は、諏訪に到着すると、焼き討ちにした諏訪上社に隣接する法華寺《ほっけじ》を本陣とした。信長が武田攻めの勝利に上機嫌になりながら、戦後処理を決定していると、光秀は「このように目出度《めでた》いことはありません。私たちも骨を折った甲斐がありました」と、信長に語りかけた。すると、信長は烈火のごとく怒り、「いつ、どこで骨を折ったのだ」と叫びながら、光秀の頭を欄干《らんかん》に打ち付けたという。

出典は、江戸時代初期に成立した『祖父物語』であり、真偽は定かではない。

なぜ、光秀は本能寺の変を起こしたのか。これまで、様々な説が語られてきたが、その一つが「怨恨説」だ。だが、この法華寺の一件をはじめ、本能寺の変を前にして光秀が信長から暴行を受けたというエピソードは、怨恨説を補完する材料として創作された可能性が高い。

信長は、武田攻めの帰路には、徳川家康による歓待を受け、富士を望みながら、白糸の滝や美保の松原などの名所を遊覧するという旅を満喫した。

4月21日、信長が安土城に帰還するまで、光秀は1カ月以上にわたり、行動を共にした。その間、通常の主従であれば、今後の方針について語り合うという展開もありえただろう。だが、信長は、天下布武へのロードマップを光秀に語ることはなかった。

信長は、光秀との信頼関係を強固にする絶好の機会を無駄にしたともいえよう。

5月15日、徳川家康は武田攻めの功績によって駿河《するが》（現在の静岡県中部）一国を加増された謝礼のため、安土城を訪れた。対する信長は、光秀に対し、家康への饗応《きょうおう》役を下命した。

その進捗を確認するため、光秀の屋敷を訪れた際、門を通った途端、魚が腐ったような異臭がしたため、光秀を厳しく叱責するとともに、饗応役を堀秀政《ほりひでまさ》へ変更した。すると、光秀は用意していた料理や膳を安土城の堀へ投げ捨て、不満の意を示した。この饗応役解任の一件もまた、怨恨説を強調する材料として創作された可能性が高い。

17日、備中高松城を水攻めにしていた秀吉から、出陣要請がもたらされると、信長は、自身が中国方面へ下向するとともに、先鋒として光秀に出陣することを命じた。そのため、光秀は失態のために饗応役を解任されたのではなく、中国方面への出陣を下命されたため、饗応役を免じられたにすぎないというのが真相ではないか。

光秀が信長から暴行を受け、そのことに怨恨を抱き、本能寺の変を起こしたという怨恨説は、江戸時代から提唱されるようになった。しかし、フィクションを論拠としている以上、怨恨説は本能寺の変の謎を解くための鍵にはならないだろう。

不安説：信長に酷使され使い捨てにされる家臣たち

「天下布武《てんかふぶ》」を究極の目標に掲げ、邁進《まいしん》を続けた織田信長。

本能寺の変前夜まで、革新的な人事管理術により、織田家臣団は、戦国最強軍団へ成長を続けていたはずだった。

だが、主君は家臣たちの忠誠心を疑い、対する家臣たちは主君に使い捨てにされることへ警戒心を抱き続けた。いわば、織田軍団における主従の相互不信は、本能寺の変勃発の「埋火《うずみび》」となっていった。

光秀が本能寺の変を起こした原因の一つとしては、「不安説」があげられる。光秀が主君信長との関係に悩み、将来に不安を感じていた確率はきわめて高い。不安説は、本能寺の変の謎を解く重要なキーワードだ。

信長は「サプライズ人事」を好み、有無を言わせることなく、実行に移した。勝家を北陸方面軍の司令官に抜擢したのもその典型例であり、天正5年（1577）、羽柴

（豊臣）秀吉が播磨《はりま》への進出を命じられ、中国方面軍の司令官に任じられたことも、サプライズ人事の一環として評価できる。信長は、人材登用というプラス面でのサプライズ人事によって組織を活性化させるとともに、過酷な降格処分というマイナス面でのサプライズ人事によって、その引き締めを策した。

信長は天正8年（1580）8月、重臣の佐久間信盛《のぶもり》と林秀貞《ひでさだ》を追放処分とした。その理由を示した「弾劾状」では、明智光秀をはじめ、勝家、秀吉らの働きが抜群であるのに対し、佐久間と林が無能なことを叱責した。光秀らは、功績を高く評価されながらも、冷酷な降格人事を見せつけられ、「明日はわが身」という警戒心や不安感を抱かざるをえなかった。

しかし、信長にとって光秀は、天下布武に不可欠な人材だったはずである。であれば、信長は光秀に対して、高く評価していることを率直に伝えるべきであったろう。信長の頭の中には、天下布武に向けてのロードマップがあった。だが、それを語らなかったことが、織田軍団内部に疑心暗鬼を生じさせ、本能寺の変勃発への火種となっていくのである。

信長に過ちがあったとすれば、光秀に対して基本戦略を伝えるべきところ、自身の

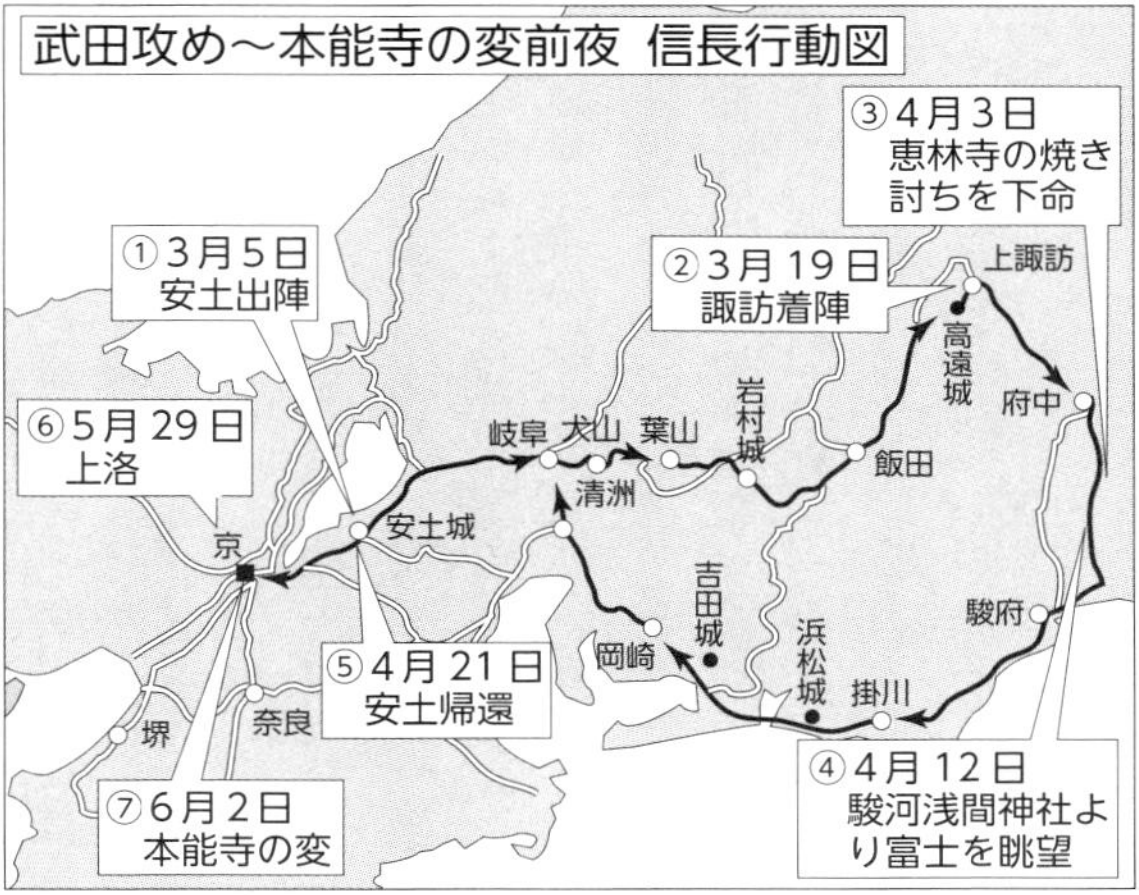

命令には忠実に従うだろうという、油断や過信から、意思の統一というリーダーとしての最低限の責務を怠ってしまったことだ。

一つの仮定として、光秀が本能寺宿泊中の信長のもとへ、わずかな従者とともに乗り込み、信長との意思の疎通をはかっていれば、本能寺の変は勃発することはなかったに違いない。

光秀の胸中には、腹を割って話せば、信長への不信や将来への不安は除去されるという期待もあったはずだ。

だが、光秀は最後まで信長と腹を割って話すことはなく、信長を信じることができなかった。そして最終的に「主殺《しゅうごろ》し」を選択してしまうのである。

入り乱れる黒幕説──光秀は誰かに操られ、謀叛を決断したのか

本能寺の変勃発の謎を解く鍵として、ここ30年ほどの間で、光秀は誰かに操られていたとする「黒幕説」がさかんに唱えられるようになった。

黒幕説が提起される背景には、「光秀には天下を治めるほどの能力や人望はなく、単独で謀叛《むほん》を起こせるはずがない」という、光秀への低評価が見え隠れするようだ。

黒幕説というと、正当な歴史学の方法論から逸脱したフィクションとして軽視される傾向も根強い。その一方で、テレビや雑誌の世界では「本能寺の変の黒幕は誰か？」といったタイトルで検証記事や番組がつくられ、視聴者や読書にインパクトを与えようとする。しかし、いくら黒幕として、羽柴秀吉、正親町《おおぎまち》天皇、長曾我部《ちょうそかべ》元親《もとちか》らが提起されても、「その可能性も否定できない」といった中途半端な結論で締めくくられる。

本能寺の変の関与を疑われる人物や組織は、事件前夜における位置関係によって二分することができる。

備中《びっちゅう》高松城を水攻めにしていた秀吉をはじめ、備後《びんご》鞆《とも》（広島県福山市）を拠点とする足利義昭や、土佐を本国とする元親らは、光秀と連絡を取ろうとしても、書状や使者の往復に数日以上のタイムラグが生じ、しかも情報や意思を確実に交換できるとは限らなかった。そのため、彼らが黒幕として光秀に詳細な指示を与えることは不可能だったと思われる。

一方、朝廷関係者をはじめ、千利休《せんのりきゅう》、イエズス会、本願寺《ほんがんじ》教如《きょうにょ》など、京都周辺を拠点に活動する人物や勢力は、タイムラグなしに光秀との連絡が可能だった。

ただし、公家《くげ》たちは、光秀との関係が露顕《ろけん》すれば、厳しい処分を受けることが予見されたことから、日記を書き換え、書状を破棄することにより、証拠を完全に消滅させることを前提とし、光秀と接触したと想定される。公的文書の改竄《かいざん》は、鎌倉幕府が成立して以来、公家たちが積み重ねた生き残りへの知恵だった。

本能寺の変前夜、信長が開いた茶会に列席していた公家の一人が、そのときの様子

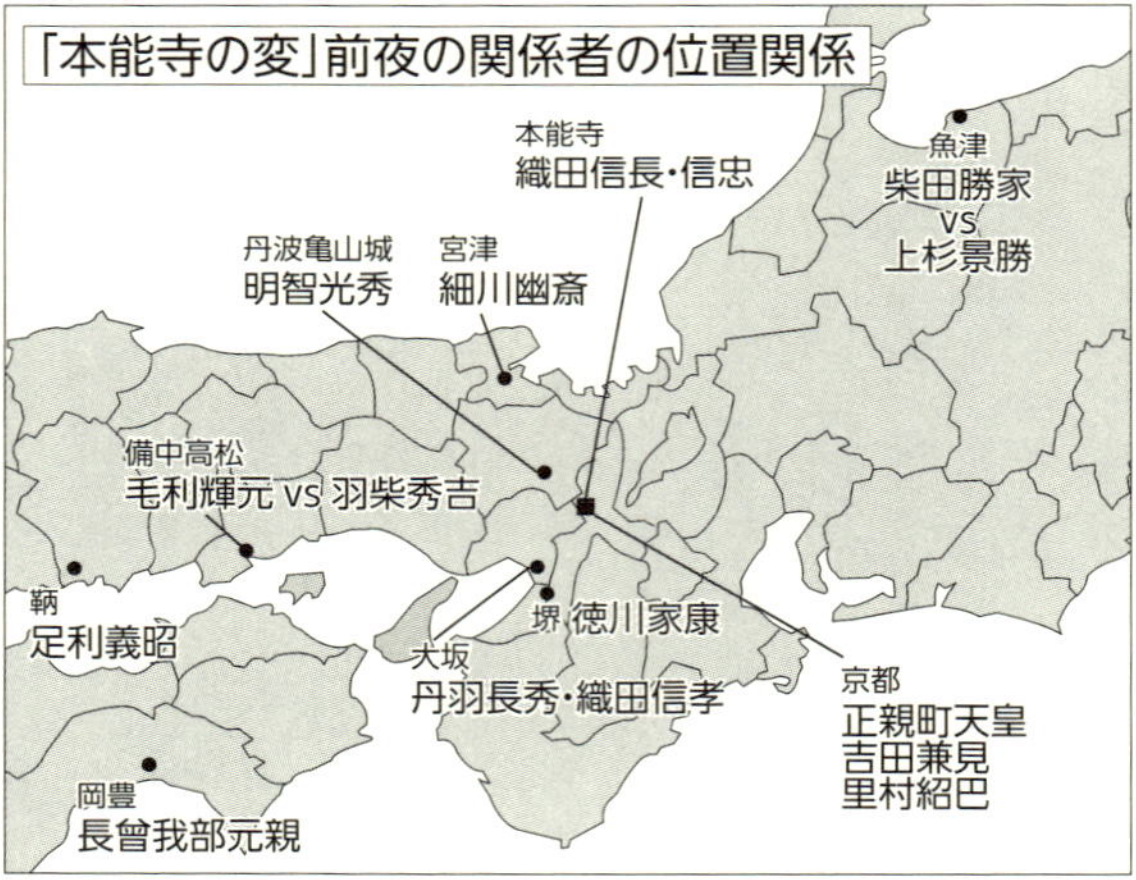

を光秀に伝えたとする。光秀にしてみれば、信長が本能寺にいるか否かは、主殺しを最終的に決断する前提となる要素であり、情報として大きな意味を持った。ただし、情報の提供者が証拠を残すはずもなく、今となってはそれが誰かは、知る由もない。

黒幕説を立証するためには、状況証拠を積み重ね、時には大胆な推理に頼らざるをえず、論理構成に無理や矛盾が生じる傾向が強い。とはいいながら、すべてを否定せず、黒幕として疑惑を受ける人物や勢力が、どの程度関与していたかを丁寧に検証することは、本能寺の変の真実を糾明するためには、大切な作業だろう。

黒幕説①朝廷：光秀と朝廷との危ない関係

信長にとって、正親町《おおぎまち》天皇は足利義昭に匹敵する難敵だった。天皇は、自身や朝廷の権威を守るため、信長に対し、武力を使うことなく、伝統的権威を盾にして抵抗を続けた。

天正6年（1578）4月、信長は右大臣《うだいじん》と右近衛大将《うこんえのだいしょう》の職を辞した。天皇は、信長の官位や官職を引き上げることにより、朝廷の枠組みに信長を取り込もうとした。対する信長は、官職から退くことにより、朝廷との間に一定の距離を置こうとした。ただし、信長も官職という「餌」に対して、まったく興味がなかったわけではなく、天下布武を実現させるための道具として活用する道を探っていたと思われる。

信長は、室町幕府を滅亡へと導いた頃から、天皇に退位を勧めていた。そのため、信長は朝廷に対して高圧的姿勢を示し、自身を中心とする新しい権力の仕組みを作ろうとしたという考え方も提起される。

ただし、正親町天皇はすでに50代に達しており、当時の通例として、退位して上皇《じょうこう》になるのは自然な流れではあった。信長は、正親町天皇に退位を迫るというより、上皇になるための経費負担を自身が担うことを匂わせながら、朝廷と駆け引きを続けていたのである。

天正9年（1581）2月、朝廷は信長に対して左大臣《さだいじん》への就任を打診したが、信長は固辞した。信長は、官位に縛られたくないというより、さらに上位の太政大臣《だじょうだいじん》や関白《かんぱく》の地位を望んでいたために、左大臣のポストは固辞したというのが実情だった。

天皇は、信長の保護下にありながら、官位昇進を武器に、信長と虚々実々の駆け引きを繰り広げた。そのような状況にあって、光秀は、主君信長と朝廷とのパイプ役を果たしながら、朝廷関係者との関係を強めていったのだろう。

天正10年5月、朝廷は、太政大臣、関白、征夷大将軍のいずれかへの就任を信長に打診した。信長は、その返答を胸に秘めながら上洛したものの、本能寺の変によって非業の死を遂げることになる。

信長は、古い権威を否定していたという考え方によれば、すべての朝廷ポストの就任を拒否することもありえた。だが、天正6年に右大臣を辞したとき、天下が安定したら、重要な職に就くことを示唆していたため、ここでは朝廷からの打診を受諾するつもりだっただろう。加えて、正親町天皇から誠仁親王《さねひとしんのう》への譲位を公表することで、新しい時代の到来をイメージさせるという政治戦略を抱いていた可能性もある。

朝廷黒幕説の立場では、信長への三職推任《さんしょくすいにん》は、信長を京都へ誘《おび》き寄せるための罠であり、朝廷サイドは光秀に密命を与え、本能寺宿泊中の信長を襲撃させたということになる。たしかに本能寺の変前夜の状況を判断すると、朝廷サイドと光秀との間で謀議することは可能な状況にあった。

この朝廷黒幕説は、ストーリーを展開させることは可能だが、実証が不可能に等しい。とはいえ、朝廷が光秀と秘密裏に接触しながら、謀叛を起こす環境を整えたという仮説を否定することはできない。

結果として、光秀が山崎合戦《やまさきのかっせん》に敗れると、朝廷は秀吉に勅使《ちょくし》を送り勝利を祝った。たとえ光秀との密議があったとしても、その証拠は完全に抹消されたであろう。

秀吉は、彼らの行動原則を知り尽くし、公的文書の改竄の常習犯であることも認知していた。そのため、三職推任から本能寺の変までの一連の流れから、朝廷の関与を疑ったとしても、追及することはなかった。

黒幕説②足利義昭：一度見限った旧主に利用価値なし

魔王信長から将軍の座を追われた足利義昭にしてみれば、光秀は大恩人である自身を見捨てた非道の逆臣ではあったが、信長を打倒するには使える駒と見ていただろう。

義昭が本能寺の変に関与したとする説は、1990年代から唱えられた。藤田達生《たつお》（三重大学教授）は、文献史料の解析から、義昭の本能寺の変への関与を提起した。義昭は京都から追放されても、公的には征夷大将軍の座にあった。そこで、亡命先の毛利領の鞆《とも》で、「鞆幕府」と称される組織を創出し、信長の「安土幕府」と対抗した。義昭は光秀のほかにも、本願寺の教如《きょうにょ》や近衛前久《このえさきひさ》らとも連絡をとり、信長の打倒を説いた。

歴史学者の圧倒的多数は、黒幕説や共謀説に対して否定する、もしくは黙殺するというのが主流だったが、藤田の足利義昭関与説は大きな衝撃を与えた。

天正4年（1576）、義昭は毛利領の鞆へ移ってからも、反織田同盟の黒幕として暗躍を続けた。

同年、播磨三木城主の別所長治《べっしょながはる》が丹波八上《たんばやかみ》城主の波多野秀治《はたのひではる》と呼応して信長に叛旗を翻した。翌年には大和信貴山《やまとしぎさん》城主の松永久秀《ひさひで》が決起し、天正6年（1578）には摂津《せっつ》有岡城主の荒木村重《むらしげ》が信長に叛《そむ》いた。

反逆者たちは、義昭からの呼びかけに応じ、最終決断を下したわけではなかった。ただし、信長に叛旗を翻したとしても、義昭の命を奉じたという大義名分を掲げることができたといえよう。

義昭は、波多野氏、別所氏、松永氏、荒木氏らの反乱が鎮圧されても、本願寺教如《きょうにょ》や近衛前久《さきひさ》らに密書を送り、信長の打倒を画策した。

義昭は、本能寺で信長が死んだことを知ると、快哉《かいさい》を叫ぶとともに、毛利輝元に対して自身を奉じて上洛するように働きかけた。また、紀伊の雑賀衆《さいかしゅう》を通じて光秀との接触をはかるなど、活発に行動した。だが、山崎合戦の結果を知ると、掌《てのひら》を返したように秀吉と接触して復権への方向性を探った。

本能寺の変を前にして、光秀が義昭からの密書を目にし、謀叛を決断した可能性は否定できない。しかし、光秀は、かつて義昭に仕えていた経験から、その軽薄な人間性を知り尽くしていたはずだ。

光秀には、信長を討ち取るとともに、幕府の再興を大義名分として掲げるという選択肢もあった。細川藤孝《ふじたか》・忠興《ただおき》父子の協力を仰ぎ、毛利輝元をはじめ、長曾我部元親や上杉景勝など、反織田勢力を結集しようとするなら、義昭の存在は効果があったかもしれない。

だが、光秀は、義昭をいったん懐《ふところ》に入れてしまえば、「獅子《しし》身中《しんちゅう》の虫」になりかねない厄介な存在であることを十分に認識していた。また、村重をはじめ、義昭の呼びかけに応じて信長に叛いた者たちが悲劇的な結末を迎えたことも痛感していた。

決して自らは汗をかくことなく、表舞台に立つこともなく、黒幕として天下を動かしているような錯覚に浸る義昭。光秀だけでなく、当時の実力者たちは、義昭の存在価値に見切りをつけつつあった。そのため、義昭が本能寺の変に関与していたとしても、黒幕といえるほどの影響力はなかったといえよう。

黒幕説③キリシタン：娘・玉の入信から導かれた妄想

立花京子（1932〜2011、歴史家）は、史料の再検討と斬新な視点から、織田信長像を再構築することにより、脚光を集めた。本能寺の変については、朝廷関与説を提起していた時期もあった。だが、信長の存在を危険視したイエズス会の宣教師が光秀に対して信長襲撃を指示したとする画期的な説を提起した。

立花は、50代なかばで古文書に興味を抱いてから、驚異的なペースで文献史料を読み解き、独特な解析法を確立させた。そして、既存の史料であっても、その解析法によって、過去の研究成果とは異なる尖鋭的な新説を提起したのである。

その解析法は、反論する余地を与えないほど、高度な論理によって構成された。そのためもあり、立花の成果は、戦国史研究の世界では、アンタッチャブルな存在として神棚に安置されたような状況にあるのかもしれない。

だが、イエズス会宣教師の史料の解析方法は、丹念に検証すると、論理の飛躍がみられる。また、ポルトガルやスペインという旧教国による世界侵略を誇大にとらえており、一つの仮説という枠の中から抜け出すことができない。

娘の玉《たま》がが入信してガラシャという洗礼名を与えられたため、その父の光秀も、キリシタンに好意的だったとイメージされがちだ。だが、実際の様相は少し異なる。

玉は、父光秀が山崎合戦で非業の死を遂げると、謀叛人の娘として、夫忠興の命により、味土野《みどの》という山村に幽閉された。2年後には、秀吉の許しをえて忠興との生活が再開されるのだが、幽閉生活を支えた侍女がキリシタンだったことから、その影響を受けてキリシタンになった。つまり、光秀の死後である。

イエズス会宣教師が残した記録によると、光秀はキリスト教には理解を示すことなく、「悪魔のような人物」だったと酷評している。

細川ガラシャは、女性の入信者として代表的な存在だったことから、その父であった光秀も、キリシタン勢力と密接な関係があったのではないかと思われたということになるが、時系列にそって考えると、まったくのでたらめということになる。

「本能寺の変」を誘導した「黒幕説」一覧

①朝廷黒幕説

朝廷は、信長の存在を危険視し、光秀を決起へと導いたとする説。正親町天皇や誠仁親王をはじめ、光秀と親しかった吉田兼見や里村紹巴らの関与が疑われる。

---

②足利義昭黒幕説

義昭は、自身を追放処分とした信長への反感から、光秀を決起へと導いたとする説。黒幕としての関与の是非は別にして、信頼性の高い文献により、幕府の再興を目指す義昭が信長打倒のための策謀を続けていたことが指摘される。

---

③羽柴秀吉黒幕説

自身で天下を統一するためには、信長の存在が邪魔となり、光秀を決起へ導いたとする説。光秀と共謀しながらも、山崎合戦に勝利したという歴史的事実は、黒幕説の矛盾として最大の反論材料となる。だが、光秀が決起しなければ、対毛利戦のために出陣した信長を討ち取る計画だったとする説も提起される。

---

④徳川家康黒幕説

信長への不信感、または天下取りの野望から、光秀を決起へ導いたとする説。信長が家康の殺害を光秀に命じたことを察知すると、対抗策として光秀と共謀して信長を抹殺したとも提起される。生き延びた光秀が天海として家康に仕える不死説は、家康黒幕説と連動する。

---

⑤長曾我部元親黒幕説

光秀との縁戚関係を利用し、目前に迫った四国征討を中止へと導くため、光秀と共闘したとする説。『石谷文書』の再評価により、光秀と元親の密接な関係が明らかになる。

---

⑥毛利輝元黒幕説

毛利氏が信長との決戦を回避するため、光秀と共闘したとする説。安国寺恵瓊と小早川秀秋は、和議の交渉で羽柴秀吉と接触。秀吉黒幕説とも連動しながら提起される。

---

⑦宗教勢力黒幕説

信長との戦いで多くの門徒を失った本願寺、織田軍による包囲攻撃を受けていた高野山など、信長の宗教政策に反発する勢力が朝廷に働きかけ、本能寺の変に関与したとする説。

---

⑧外国人宣教師黒幕説

信長は、南蛮勢力を利用して天下布武を推進しながらも、その関係を断絶しようとしたことから、宣教師が光秀に信長を討つように仕向けたとする説。

さて、大航海時代が到来すると、カソリック国のスペインとポルトガルは、侵略ターゲットに定めた地域に対し、貿易によって経済関係を築きつつキリスト教を広めた。そのうえで軍隊を送り込み、植民地化するという流れをつくって、勢力を拡大させていった。

当時の日本も、南蛮勢力による植民地化の危機にあり、そのことはキリシタン黒幕説が提起される背景となっている。だが、日本は、南蛮諸国の植民地となった地域と比較すると、自国への所属意識が強く、世界的レベルの文化水準を築き上げていたことから、その危険は皆無に等しかったといってよい。

幕末維新の時代になれば、他国からの侵略の危機は存在したものの、戦国時代の日本は、侵略の危機に脅えるような国家ではなかった。そのため、外国人宣教師が与える政治的影響力は皆無に等しく、本能寺の変の黒幕にはなりえなかったのである。

共謀説① 羽柴秀吉：否定しきれない有力な仮説

天下人信長の死亡により、利益を享受したという意味では、光秀を打倒し天下人の座を奪い取った秀吉には、光秀を謀叛へと仕向ける動機があった。

信長は、秀吉と光秀を高く評価しつつ、両者を競い合わせることにより、天下布武を早期に達成しようとした。織田軍団の組織のなかで、譜代《ふだい》ではなく、新参《しんざん》である二人は、現代の会社組織であれば、縁故採用の生え抜きでなく、才覚と辣腕《らつわん》で出世した中途採用組にたとえられ、ライバルとして互いを意識しながらも、同じ成り上がり組としての共感があったに違いない。

信長は、秀吉や光秀を抜擢したように適材適所の人材登用を実行する一方、過酷な降格人事も繰り返したことから、織田軍団の内部には、主君信長への不信感が生じつつあった。

光秀は、秀吉が主導する中国方面への出陣を信長から命令されると、織田軍団の組織図のなかで、秀吉の下に組み込まれることに危機感を覚えた。そのことは、信長に叛旗を翻す一つの要因となりえたであろう。

本能寺の変の謎を解く前提として、歴史の流れを整理しておくと、このようになる。

秀吉は、毛利方の備中高松城を攻撃すると、毛利輝元が救援のために備中へ出陣。単独では対抗できなくなったため、主君の信長に援軍を求めた。すると、信長は、光秀に対して備中への出陣を下命した。だが、光秀は主君への謀叛を決意して本能寺を襲撃して信長を死へ追い込んだ。

秀吉は、本能寺の変を知ると、毛利方と和睦を結び、中国大返しにより、京都へむけて進攻。山崎合戦に勝利した。

対する光秀は、敗走の途中に農民が突き出した槍で致命傷を負い、覚悟の自害を強いられた。

ストーリーを本能寺の変勃発以前に戻すと、秀吉は、自身の才能を評価して中国方面軍の司令官にまで取り立てた信長に対して恩義を抱きながらも、一貫性のない人事管理を繰り返すことに対して不信感を抱き、使い捨てにされることへの警戒感を抱きはじめていたと想像できる。

信長から追放や切腹などの過酷な処分を受けないための対抗処置として、秀吉が同じ立場にある光秀との協調を模索するのは、十分に想定できる自衛手段だったといえよう。

二人は、流動を続ける状勢のなかで、主殺しのチャンスを探った。

まず光秀は、武田攻めに従軍することにより、信長が本隊の指揮を嫡男の信忠に一任し、後方を進軍する行動原則を把握した。一方の秀吉は、主殺しのチャンスを作り出すため、信長に対して中国方面への出陣を要請した。その結果、信長は、わずかな護衛だけを連れて上洛するという失策を犯したことから、光秀は主殺しに成功したともいえる。

だが、秀吉は、光秀が謀叛を起こしたことを知ると、光秀との共謀の証拠を消去し、光秀を打倒することにより、天下を簒奪《さんだつ》する決意を固めた。

光秀は、中国大返しにより、羽柴軍が畿内へと接近しているのを知ると、秀吉が自身との共謀を破棄したことを悟った。光秀が秀吉との関係を語らず、山崎合戦に敗れ

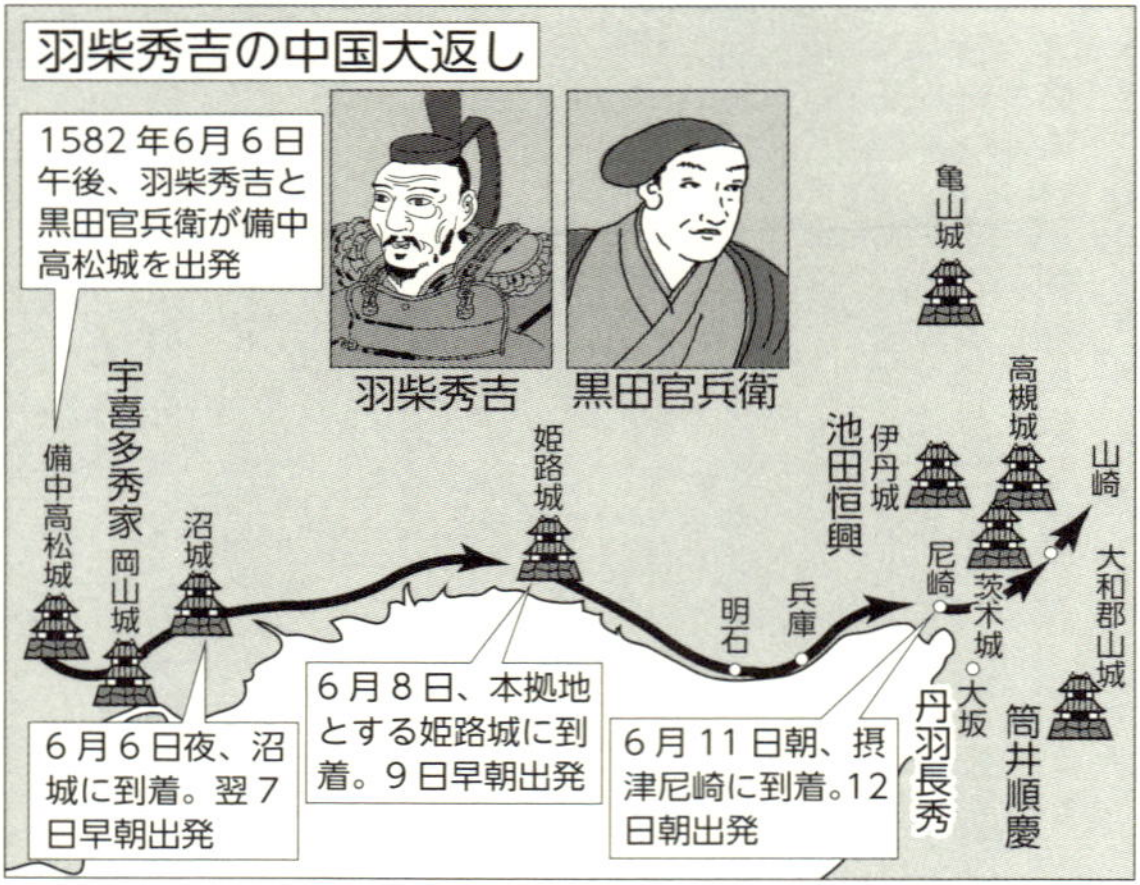

て非業の最期を遂げたことは、秀吉黒幕説を否定する証左として強調される。だが、光秀が秀吉との謀議によって主殺しを決断したと世間に知らせようとしても、時間的猶予はなく、決戦の地へ怒濤《どとう》の勢いで進撃する羽柴軍を食い止めることはできなかったはずである。

光秀が、秀吉の裏切りを後世へ伝える証拠を残そうとしても、残された時間はあまりに少なく、秀吉が主殺しに関与した痕跡は、すべて抹消されたのであった。

共謀説②長曾我部元親：「四国の雄」との関係示す新資料

2015年、岡山県の林原美術館に所蔵された『石谷家文書《いしがいけもんじょ》』が再検証され、長曾《ちょうそ》我部元親《かべもとちか》と光秀サイドが交換した書状から、過去の定説が覆されて話題となった。具体的には、元親は信長との外交交渉が決裂したのち、関係を遮断したと考えられていたのだが、光秀は、元親の元へ家臣を派遣し、信長との関係を維持するように勧告していたという事実が明らかになったのである。

歴史雑誌やテレビの歴史ドキュメント番組では「新史料発見！　本能寺の変の謎が解き明かされる。黒幕は長曾我部元親か!?」という刺激的なタイトルが躍動した。だが、その内容は、本能寺の変の経緯とともに『石谷家文書』の内容が紹介され、元親関与の可能性が指摘されるというパターンに終始し、戦国史上最大の謎が解き明かされる決定的証拠として位置づけられることはなかった。

かつて、信長は三好一族とは敵対関係にあった。三好一族は、阿波《あわ》と讃岐《さぬき》を勢力圏としており、「敵の敵は味方」という論理から、三好氏を打倒し、四国統一を目指していた元親と同盟関係を締結した。

元親は、信長との同盟関係をバックにしながら、阿波南部を制圧し、三好一族との戦いを有利に進めた。だが、天正《てんしょう》10年（1582）正月、信長から進攻作戦の停止と、占領地の三好一族への返還を命じられた。

定説では、元親は信長の命令に従わず、外交関係を断絶して戦いの準備を進めていたとされた。だが、元親は光秀を交渉役にして、外交関係を維持しながら、阿波国内の占領地の返還とともに、一部地域の領有を条件にして、信長との関係改善を策していたことが『石谷家文書』の解読によって判明したのである。

信長は、畿内一円を安定して統治するため、かつては摂津《せっつ》・和泉《いずみ》・河内《かわち》を勢力圏としていた三好一族を取り込むべきと判断した。そして、同盟関係を結んでいた元親に対し、占領した三好領の返還を命じるとともに、今までの同盟関係を清算し、家臣として服属することを強要したといえよう。

『石谷家文書』から読み解けることは、光秀と元親が密接な関係にあったという事実

長曾我部元親と斎藤利三との関係図

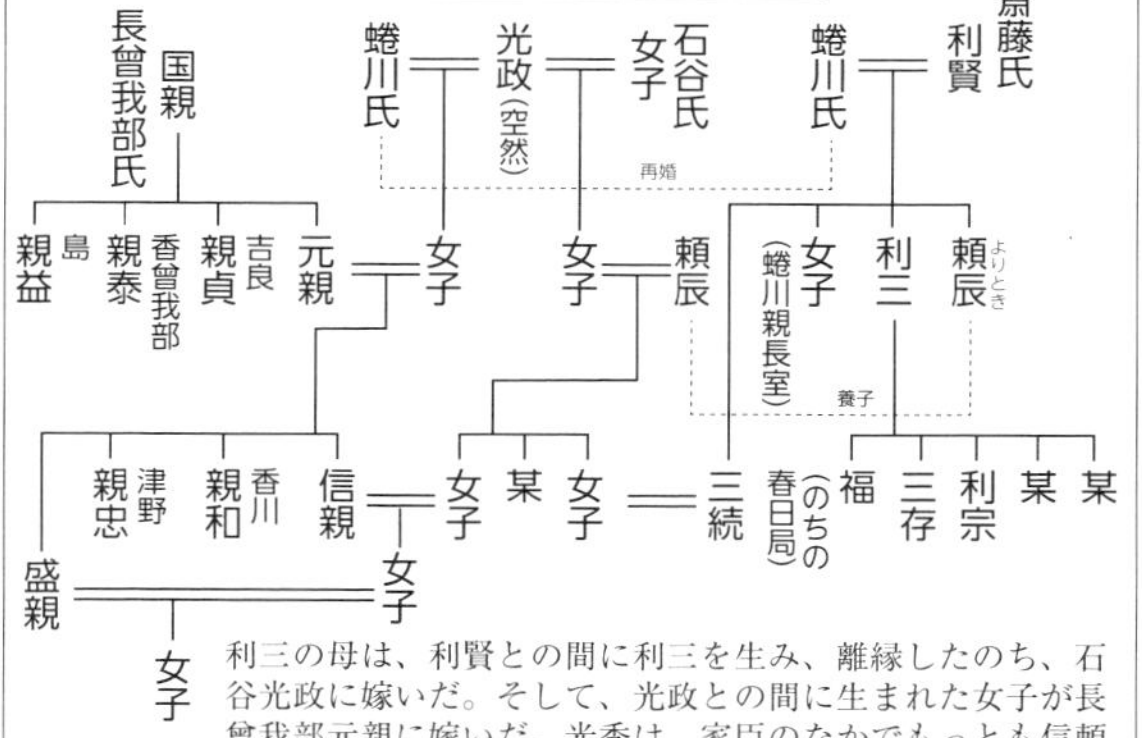

利三の母は、利賢との間に利三を生み、離縁したのち、石谷光政に嫁いだ。そして、光政との間に生まれた女子が長曾我部元親に嫁いだ。光秀は、家臣のなかでもっとも信頼する利三の妹が嫁ぐことにより、元親と縁戚関係が生じた。

が確認されただけともいえるものの、お互いが交換した使者は書状に書かれていない主人の意思を相手方に伝えようとした可能性も秘められる。

5月19日付けの書状からは、同日、元親が本拠の岡豊《おこう》城（高知県南国市）から使者を光秀の元へ出立させたことがわかる。

5月28日、光秀は愛宕山《あたごさん》で開催された連歌《れんが》の席で謀叛の決意を固めたとされる。その頃、使者によって書状が届けられたと仮定する。

元親は、書状をしたためた時点では、信長とは交渉の余地があるという状勢認識を抱いていた。にもかかわらず、信長は四国征討の準備を進めており、大坂には織田信孝《のぶたか》を総大将とする軍勢が集結していた。

光秀は、四国征討の中止を進言したとしても受け入れられないと判断。もしくは、信長に進言して拒絶されたのかもしれない。このような状況のもと、元親から使者が派遣されれば、元親の苦境を救うことにより、味方に引き込むという計算が働き、信長へ謀叛を起こすという一大事を決断する呼び水となったとも想定できる。

つまり、この『石谷家文書』は、光秀と元親の深い関係を知ることができるとともに、光秀が謀叛を決意する導火線となった可能性も指摘できよう。ただし、この『石谷家文書』の存在だけでは、元親と光秀との共謀を証明することはできず、一つの状況証拠に過ぎないことも付け加えておく。


戦国史に限ることではないが、日本史の真実の姿を解明するためには、現存する史料をデジタル化し、システマティックにデータとして積み上げるという作業が続けられるべきだろう。昨今、旧家の蔵から、新たな歴史的文書や書状が発見される確率は皆無に等しい。ゆえに、既存の史料を多角的に分析し直すことでしか、闇に包まれた歴史の謎を解明する糸口はないように思う。

共謀説③徳川家康：光秀と家康の間に存在した強力な接点

秀吉の死後、天下人となった徳川家康もまた、「風が吹けば桶屋がもうかる」という筋立てに等しいものの、信長が死ぬことにより、征夷大将軍に就任できたという意味では、光秀と共謀する動機は存在した。

家康は、事変を前にして安土に滞在しており、ほかの黒幕や共謀者たちよりも、光秀と意思の疎通ができやすい環境にあった。

元亀元年（1570）3月、家康が信長の命に従って初めて上洛したとき、光秀は初対面の挨拶を交わした。その後、家康が朝倉攻めに従軍したことから、金ヶ崎城攻防戦や金ヶ崎の退き口などにおいて、二人は行動を共にした。

光秀は、長篠合戦では坂本城にあって京都の守備にあたったこともあり、家康と会う機会がなかった。そのため、二人が再会するのは、天正10年（1582）3月のことになる。家康は、武田氏が滅亡すると、諏訪滞陣中の信長を訪れたことから、12年ぶりに光秀と挨拶を交わす機会はあった。そして、5月15日、家康が安土に到着すると、17日、光秀は饗応役を免じられ、中国方面へ出陣するため、坂本へ移動した。つまり、二人は、元亀元年と天正10年に接触する機会があったに過ぎず、家康が信長謀殺の黒幕になる、もしくは二人が共謀するとは考えにくいのかもしれない。

ただし、木俣土佐《きまたとさ》（守勝《もりかつ》）という一人の武将の存在に着目すると、光秀と家康との間に秘められた接点が存在したことが読み解ける。

土佐は、徳川家康に側近として抜擢されながらも、徳川家を離れて光秀に仕えた。土佐は、公的には家康と喧嘩《けんか》別れしたことにはなっているが、家康から光秀のもとへ送り込まれた産業スパイのような使命を帯びていたと考えていいだろう。光秀は、密命を理解し、坂本城や丹波亀山城の造営現場において築城術や、都市開発のマネジメント法を土佐に伝授することにより、家康へ恩を売り、接点を作ったと想定できる。

土佐は、光秀から先端技術を伝授されたのち、徳川家に復帰した。そして、家康が信長から安土へ招かれたときには警護の任にあった。家康は、本能寺の変が勃発すると、伊賀を経由して本国三河へ逃亡するのだが、この「神君伊賀越《しんくんいがご》え」では、畿内周辺に土地勘のある土佐は、成功への立役者となった。つまり、土佐は、本能寺の変勃発以前の段階において、光秀と家康が信長には知られたくない謀議を交わすための連絡役として最適な人材だったといえる。

家康は、本能寺の変の混乱に乗じて甲斐を占拠すると、武田氏の旧臣たちの支配を土佐に任せた。また、徳川四天王の一人である井伊直政《いいなおまさ》の与力として支えることを下命した。武田氏の旧臣たちは、赤で統一された武具を装備したことから、「井伊の赤備え」と称され、戦国屈指の精鋭部隊として直政の異例の出世を支えた。また、土佐は、彦根築城にあたっては、造営工事を仕切り、屈指の堅城に仕立て上げた。土佐は、光秀から伝授された技術により、彦根城を築いたともいえよう。

木俣は、井伊の赤備えの創設や彦根城の造営に関与したことから、昨今のご当地ゆるキャラ「ひこにゃん」ブームともリンクし、以前よりは知名度が上昇したものの、光秀との関係については、あまり着目されていない。

野望説：光秀も天下を取りたかった！

高柳光寿《みつとし》（1892～1969、歴史学者）は、戦前から戦後の戦国史研究界において多大な業績を残した。高柳は、「信長が天下を欲しかったように、光秀も天下が欲しかった」と、怨恨説を否定して野望説を主張した。「光秀も天下が欲しかった」という結論は、その心理を端的に分析した真理だと思う。

光秀は、「明智光秀家中軍法」の末尾の条文において、「法令を守らず、武功を立てない者は国家にとって無益であり、また、公務を果たすことができない者は嘲笑を受けるだろう」と、信長の家臣としての責務を条文で示した。

軍法では粉骨砕身して尽くすことの大切さが説かれるものの、粉骨砕身する対象は、信長個人でなく、国家であると解釈することもできる。光秀が、信長から信任を受けながらも、主殺しへと踏み切った一因は、このような国家観に求められるのかもしれない。

信長は、天下布武を実現させるため、敵対者だけでなく、家臣に対しても厳しく、その基本姿勢は、パワーハラスメントを繰り返す経営者や、ブラック企業のトップといった現代用語に置き換えると、理解しやすいかもしれない。

対する光秀は、信長への反発や警戒心から、謀叛の機会を探り続けた。その結果、天正10年（1582）5月下旬から6月上旬にかけ、信長を襲撃すれば、殺害できる絶好のチャンスが訪れた。光秀の脳裏には、盟友の細川幽斎をはじめ、織田軍団のなかで同じ苦労を味わわされている羽柴秀吉、朝廷関係者のなかでは最大の理解者である吉田兼見、かつては主君として仕えた足利義昭、縁戚関係を結ぶ長曾我部元親など、信長を襲殺すれば、新政権の樹立に向けて同調が期待できる人物が浮かんだだろう。

だが光秀は、謀叛の決意を知らせることにより、信長に察知されることを恐れ、信頼するわずかな重臣たちに伝えただけだった。つまり、光秀は、本能寺の変の黒幕とされる人物や勢力とは関係なく本能寺の変を起こしながら、目的を達した後には彼らを新政権の内部に取り込むことを画策していたのではなかったか。

だが、秀吉による中国大返しにより基本構想が崩れ、山崎合戦に敗れるのだった。

光秀の苦境

信長は、天下布武へ向けて快進撃を続けながらも、誰にも基本戦略を語ろうとはしなかった。そのため光秀は、突然のリストラ通告も想定内のこととしてとらえつつ、信長との主従関係を維持することを余儀なくされた。

逆転への決断

「本能寺の変」の黒幕説では、光秀は誰かに唆《そそのか》され、謀叛を決断したとされる。だが光秀は、信長の油断により、突発的に訪れたチャンスを利用し、天下を奪うという決断を下した。それは、使い捨てにされないための対抗策でもあった。

POINT

信長は、わずかな護衛で本能寺へ移動した。その背景には、近畿方面軍の司令官である光秀によって安全は保たれているという油断があった。信長は光秀を信頼していたが、その思いは光秀には理解されなかった。

第7章

本能寺の変

天下簒奪の好機到来、知将光秀が動く!

信長上洛の目的は太政大臣就任か？

信長は、光秀の襲撃を受けていなければ、保留していた「三職推任《さんしょくすいにん》」への回答を朝廷サイドに提示したはずだった。

天正10（1582）年5月4日、朝廷は安土城へ勅使を派遣し、信長に対して征夷《せいい》大将軍《たいしょうぐん》、関白《かんぱく》、太政大臣《だじょうだいじん》の三職のいずれかに就任することを要請した。信長は、勅使を派遣された時点では回答を保留していたため、今回の上洛によって、謝絶するか、いずれかの就任を受諾するのか、明らかにするつもりだった。そのためもあって、21日、信忠《のぶただ》は信長の命に従って岐阜から京都へ移動していたと思われる。

信長は、虚実を別にして自身のことを桓武《かんむ》平氏《へいし》の末裔《まつえい》と称しており、平清盛が太政大臣を拝命した先例もあり、太政大臣への就任を望んでいたと思われる。あるいは信長には、自分ではなく、信忠が三職のいずれかに就任する、もしくは自身が就任したのち、すぐに辞職して信忠に職を譲るという選択肢もあった。

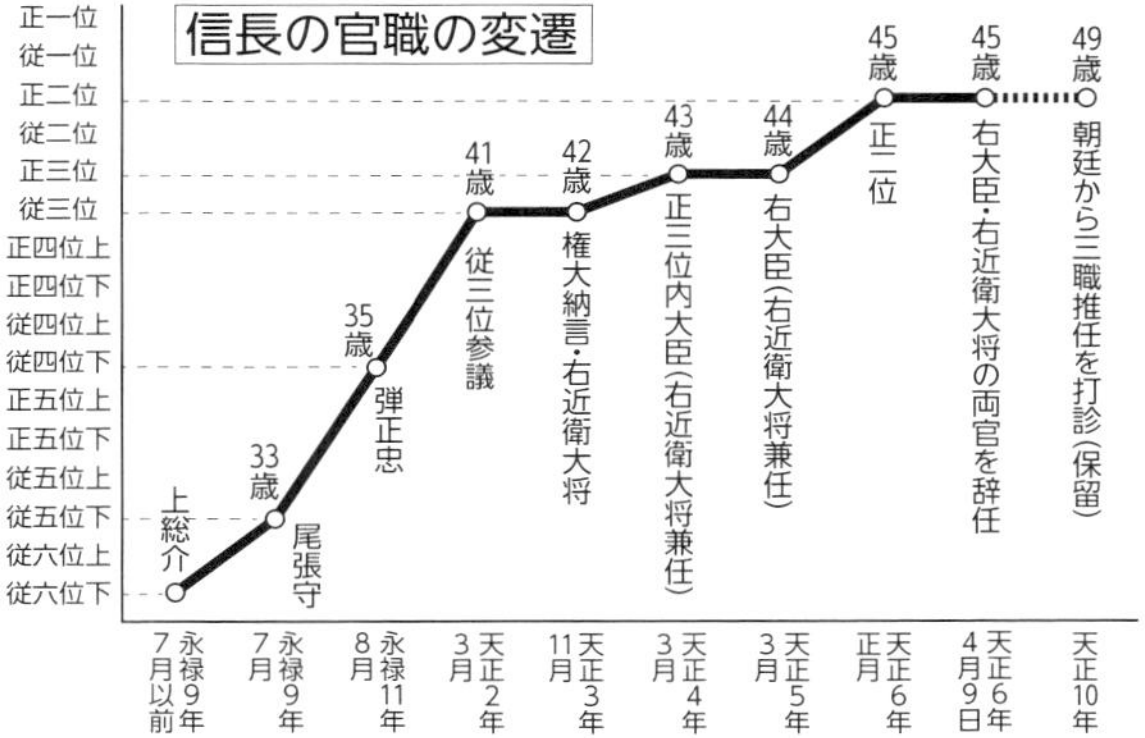

上総介は、朝廷から与えられた官職ではなく、自称に過ぎない。永禄11年に上洛してからは正式に官位と官職を拝命。右大臣を辞任したのちも、「前《さきの》右大臣」と敬称され、右大臣と同等の処遇を受けた

信長は、太政大臣就任により、天下を統治する大義名分を獲得したうえで、毛利攻めのため中国方面へ出陣する、という基本戦略を抱いていたと想定できる。主力部隊の指揮は信忠に一任し、自身は武田攻めと同じように、本隊とは数日遅れの行程で京を出陣するはずだった。

本能寺の変前夜において、織田軍団の主力を形成する尾張《おわり》や美濃《みの》の将兵の動向は、今まで着目されることなく、不明とされていた。だが、約2万人に及ぶ部隊に目立った動きがないということは、本国で待機していたと推測できる。

信長は、朝廷との折衝が円滑に進行し

なければ、尾張や美濃から主力部隊を呼び寄せ、朝廷を恫喝《どうかつ》することも可能だった。わずかな護衛だけではなく、主力部隊を率いて上洛するという選択肢もありえたが、最初から軍事力を誇示するのではなく、恫喝のためのカードをちらつかせながら、相手との交渉を優位に進めるという手法が信長らしい駆け引きだった。視点を変えると、6月1日夕刻、亀山城を出立《しゅったつ》した明智軍もまた、朝廷を恫喝するために活用できるカードの一枚のはずだった。

信長は、朝廷という古い権威から脱却するため、革命的行動を視野に入れていたとも提起される。だが、本能寺の変前夜の段階において、朝廷への強硬策は時期尚早であり、太政大臣就任により、朝廷の権威を逆に利用し、対立勢力を「征伐《せいばつ》」する大義名分としようとしたのではなかったか。

信長は、自身で出陣する予定だった山陽方面の毛利攻めだけではなく、北陸方面の上杉攻めや、四国方面の長宗我部攻めも進行させつつあった。三方面作戦の同時進行には無理があったものの、太政大臣就任というアドバルーンを高々と掲げることにより、すべての戦線を優位に進められるという戦略的意図があったと想定できる。

地獄の門番と化した信長

信長は、秀吉、勝家、そして光秀ら家臣同士を競わせることにより、版図を驚異的なスピードで拡大させ、天下布武を達成しようとした。これによる弊害として、彼らは、中国の毛利輝元《てるもと》、四国の長曾我部元親《ちょうそかべもとちか》、北陸の上杉景勝《かげかつ》といった本来の敵対者よりも、むしろ主君のために共に尽くすべき同僚たちと敵対関係になっていった。

天正10年（1582）5月、光秀は、信長から中国方面への出陣を下命された。この頃、秀吉は備中《びっちゅう》高松城を水攻めにし、対毛利戦を優位に進めていた。もしも、信長の命令通り、光秀が中国方面へ移動していれば、秀吉の指揮に従うことを余儀なくされただろう。それは、光秀のプライドを傷つけるだけではなく、織田軍団の組織図において光秀が秀吉よりも下位に組み込まれることを意味した。

この下命の裏側にどんな意図があったのかは別として、信長は光秀の心の裡《うち》を、完

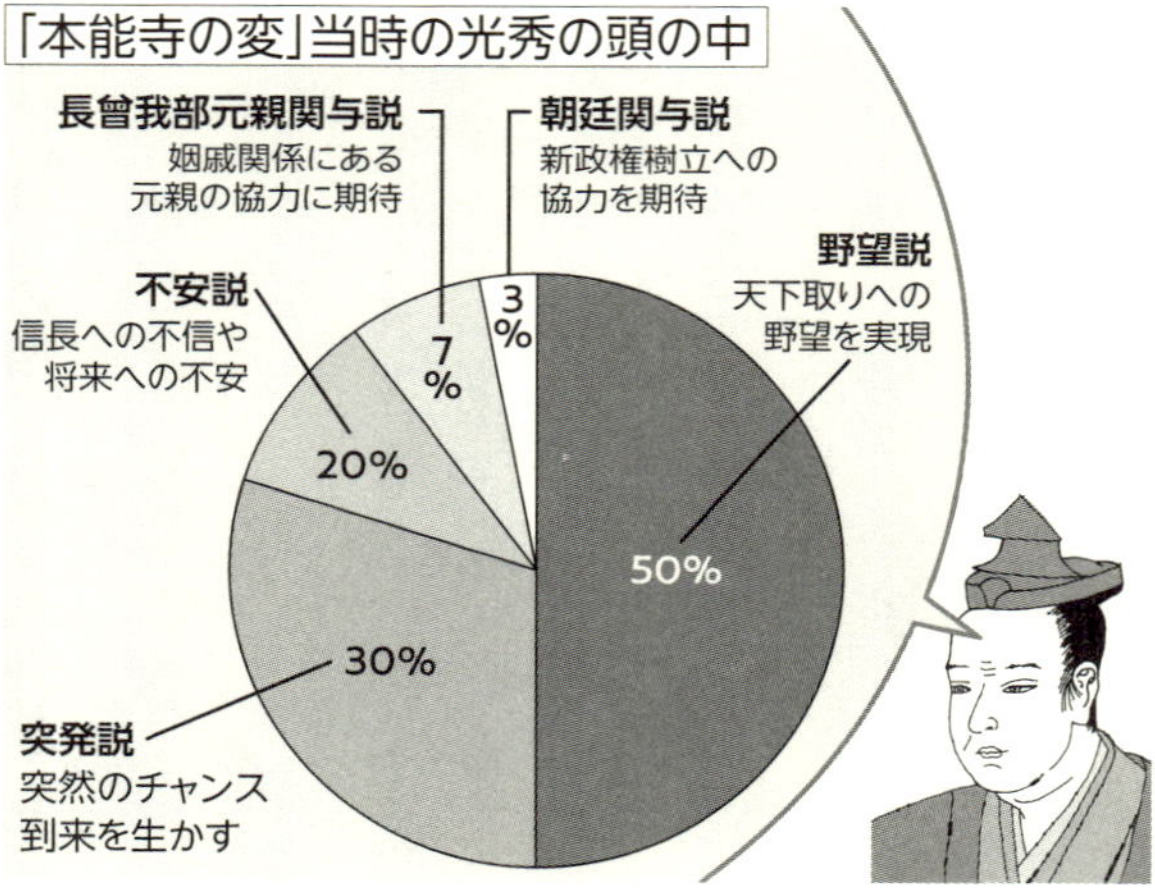

全に読み間違えたというほかはない。

もしここで、光秀が謀叛を起こしていなくとも、いずれ秀吉やほかの誰かが信長を亡き者にしていただろう。この頃の信長は、神に等しい絶対的なリーダーではなく、地獄の門番に等しい独裁者へと突き進んでいた。厳しさも行き過ぎれば反発を生む。

現代人は信長に対して、とかく理想のリーダー像を求める。だが、武田攻めに勝利して以降、本能寺の変へと至る経緯を分析すると、何かに取り憑《つ》かれたように、天下布武に一気につき進む姿が読み解ける。

信長は、天下統一を目前にして、焦慮《しょうりょ》と油断から、墓穴を掘ったように思えてならないのである。

光秀は、信長襲撃を〝突発的〟に決めたのか？

本能寺の変勃発の要因について、信長の油断が招いた好機を、光秀が見逃さずに利用したとする「突発説」に求める研究者は多い。確かに本能寺の変の推移を見ていくと、突発的に起きたという状況は否定しがたいので、ここでは光秀が謀叛を決意してから実行するまでの経緯を追いながら、突発説の真偽を明らかにしたい。

本能寺の変当時、光秀は、京都に近い坂本城主や亀山城主を務めており、畿内一円を防衛する司令官の座にあった。信長は、光秀によって周囲の安全は保たれているという安心感から、わずかな護衛だけで上洛したのだろう。にもかかわらず、その光秀が叛旗を翻し、自分に牙をむいたのである。

信長は、方面軍の司令官たちに対しては、権限を与えながらも、信頼する家臣を与力につけ監視させた。北陸方面軍の柴田勝家には、前田利家《としいえ》、佐々成政《さっさなりまさ》、不破光治《ふわみつはる》を与力として従属させた。中国方面軍の秀吉には、堀秀政《ひでまさ》を与力として派遣した。

にもかかわらず、近畿方面軍の重責を担う光秀に対しては、与力を派遣することはしなかった。信長は光秀を信頼していたからこそ、日常行動の監視を怠った。そしてこれが、突発的に主殺しへの絶好のチャンスを与える結果になったのである。

信長は不測の事態に備え、当主の信忠とは同一行動をとらないように心がけていた。武田攻めにおいて、信忠が率いる本隊と別行動をとったのも、敵対者の襲撃や家臣による謀叛によって自身が討ち取られても、信忠が生き残れば、織田の天下は継続するという思惑による。これほどまでに慎重だった信長が、本能寺の変の前夜は、その原則を破って上洛したことから、本能寺とは指呼《しこ》の間にある妙覚寺《みようかくじ》に信忠が宿泊するという危険な状態が生じた。

光秀は、信長自身が生み出した絶好の好機を利用し、信長だけでなく、後継者の信忠もまた討ち取ることができたのである。

本能寺の変前夜の状況は、信長自身によって作られた以上、突発説は、本能寺の変勃発の謎を解明するための鍵としては、否定できない有力な説の一つである。

秀吉も信長が邪魔だった⁉

光秀は、信長への謀叛の意志を固め、本能寺を襲撃した。だが、命令に従って中国方面へ出陣するという選択肢も存在した。

仮に、光秀が信長の命令通りに行動した場合のシミュレーションをしてみると、なぜ、光秀が謀叛を決断したかという謎に迫る鍵をえることもできそうだ。

光秀は、中国方面へ出陣したのなら、秀吉と謀議を重ねながら、主殺しのチャンスを狙い続けたのではなかったか。秀吉にも信長を亡き者にしようという動機があり、ライバルの二人が共同謀議をする可能性は秘められていた。

結果的には、光秀は本能寺を襲撃し、主殺《しゅうごろ》しに成功した。その第一報がもたらされると、秀吉は、軍師の黒田官兵衛《かんべえ》と、現状を冷静に判断し、主殺しの大罪を犯した光秀を討伐する決意を固めた。秀吉は、官兵衛と様々な状況を想定し、どのような事態が起きても対処できる態勢を整えていた。ある意味において、秀吉にとって最悪の事態は、光秀が率いる先鋒隊、信忠の本隊、信長の後衛部隊が山陽道を進軍し、備中高松城周辺に到着することだったかもしれない。

秀吉は、信長の意図を無視し、毛利方と講和のための折衝を続けていた。信長が予定通り、備中へ到着していたら、独断による講和交渉が発覚し、厳しい降格人事を下す罪科《ざいか》にもなりかねなかった。秀吉は過去にも、信長に無断で宇喜多直家《うきたなおいえ》を味方に付け、信長に独断専行を厳しく咎められたものの、規成事実を積み上げることにより、最終的には事後承諾を取りつけたという〝前科〟がある。

秀吉は様々な事態が起きることを想定し、毛利方との折衝を進めていた。

信長は、山陽道を進撃すれば、秀吉の居城である姫路城に宿泊するはずだった。そうなれば、官兵衛が軍師として一世一代の奇策を実行に移し、居城で信長を討ち取るという展開もありえたのだと思う。たとえその計画が未遂に終わっても、秀吉は光秀と謀議を重ねて、信長を謀殺する機会を狙ったのではなかったか。

それほどまでに、信長は、秀吉にとっても脅威の存在だった。その存在を消去したいと思う人間は敵対者だけにとどまらず、家臣のなかにも存在するという異常な状況にあって、ある意味で、必然的に起こったといえるのが本能寺の変だった。

謀叛の意思を一句に込める

光秀は、坂本城へ戻り、出陣の準備を進めた。26日には、もう一つの居城である丹波亀山城へ移った。27日から翌日にかけ、愛宕山へ参籠《さんろう》して戦勝を祈願し、信長への謀叛の意思を固めたという。

そして、光秀は愛宕山の威徳院を舞台にして連歌の会を催した。

ときは今　あめが下《した》しる　五月《さつき》かな

この発句が季節の情景を詠《よ》みながら、自身の謀叛の意志を表現していることは、第1章でも説いた。ここでは、連歌の会の意味合いについて検討を加えてみたい。

列席したのは、里村紹巴《さとむらじょうは》、里村昌叱《しょうしつ》ほか計7名の連歌師たちに加え、長男の光慶《みつよし》も末席に連なった。紹巴は、時代を代表する連歌師であり、文学家として優れた才能を発揮するとともに、連歌の会では当意即妙の仕切りの巧みさで、多くの人々を魅了した。

光秀は、盟友の細川幽斎とともに、紹巴と連歌の会を開催することにより、文学に親しみながら、交友関係を深めた。紹巴は、信長や秀吉をはじめ、北は出羽の最上氏から、南は薩摩の島津氏まで、日本各地の戦国大名に連歌師として高く評価され、招聘して連歌の会を挙行することは、大名たちのステータスともなった。

戦国大名にとって、連歌師は文学に接するための指導者であるとともに、情報の提供者でもあった。連歌を終え品評を交わすうち、雑談へと移行するという流れのなかで、何気ない会話から連歌師だけが知り得た情報を入手したのである。かといって、あまりにも口が軽いと、信頼を失いかねず、秘密情報を横流ししたことが発覚すれば、命の危険もあった。紹巴のような売れっ子連歌師であれば、そのあたりの匙加減《さじかげん》も絶妙であり、直接的な表現は使用せず、教養のある相手であれば理解できる婉曲的な表現を用いて情報を伝えたのだった。

光秀にとってこの句を詠《よ》むことは、謀叛の計画が発覚する危険と隣り合わせだった。

だが光秀は、逆に自身が信長を討つ気があることを紹巴に伝えた。そして紹巴から、吉田兼見《よしだかねみ》や山科言継《やましなときつぐ》をはじめ、朝廷関係者に謀叛の意志が伝わるように仕向けた。たとえば、兼見や言継の元へ密使や密書を送った場合、彼らが保身のため信長へ通告する可能性も否定できなかった。かといって、二人に謀叛の計画を事前に知らせなければ、今まで積み重ねた関係が断絶しかねなかったので、紹巴を密使として利用した。紹巴には、細かい支持を与えることはなく、「ときは今」の句を詠んだだけであり、謀叛の意思を伝える相手にも阿吽《あうん》の呼吸で悟らせたと想定できる。

紹巴は、本能寺の変への関与を秀吉から疑われた。だが、愛宕山で開催された連歌の会の様子を説明したところ、決定的な証拠が残されていなかったことから、罪に問われることはなかった。秀吉は、紹巴が果たした役割を察知していても、連歌師は情報提供者であるとともに、情報を交換する密使の役割を果たすことも理解していた。そして、本能寺の変により、信長の天下を掠《かす》め取ることができたため、真実を究明することはなかったのである。

亀山城出陣――秘められた攻撃目標

5月28日、光秀は亀山城へ戻ると、斎藤利三《さいとうとしみつ》らに謀叛を決意したことを伝え、作戦計画の作成に着手した。翌29日、信長は予定通り上洛。この時点において行動開始を翌1日の夜半と定めた。なお、当時の暦では5月は小の月にあたることから、30日は存在しない。

翌6月1日、信長が宿所とした本能寺では武田攻めの勝利を祝賀するために参集した公家衆に対して自慢の茶器が披露された。信長は、夜半にまで及んだ祝宴を終え、熟睡していたところ、明智軍来襲による騒音によって目覚めさせられたのである。

本能寺で茶会が開催されている頃、光秀は、利三らと攻撃計画の最終確認をしたうえで、1日夕刻、1万3000人の部隊を率いて亀山城を出陣した。2日の未明から早朝にかけ、本能寺を奇襲攻撃するため、前日の夕刻に出撃したのだが、中国方面への出撃であれば、不自然な出陣時刻だった。そこで、光秀は「翌朝、信長公の閲兵を仰ぐ」という虚偽の目的を示すことにより、兵士の疑念を取り除こうとした。

光秀は、信長が本能寺に滞在していることと、茶会での信長の様子を知りたかった。そのためもあり、里村紹巴に謀叛の意思を伝え、彼を通じて列席者の公家から、襲撃前夜の本能寺の状況を入手したと想定できる。

亀山城出陣の時点では、本能寺襲撃計画を知っていたのは利三はじめ数名だけであり、光秀は、不穏な動きを察知した者が本能寺へ駆け込み、計画が露見することを恐れた。そのため、配下の将兵に対して真実を伝えなかったのである。

老坂《おいのさか》に到着すると、ついに光秀は、全軍に対して本能寺の信長が攻撃目標であることを伝えた。光秀は信長が本能寺にいるという情報を確認し、本能寺を襲撃する最終決断を下した。視点を変えると、もしも信長の滞在が確認できなければ、何くわぬ顔をして、予定通りに中国方面へ進撃することもできた。

このとき、光秀は「敵は本能寺にあり」と、配下の将兵たちに厳粛な口調で語ったとされ、演劇やテレビの世界では定番シーンとして親しまれている。ただし、光秀自身が創作した決め台詞《ぜりふ》である確率は極めて低い。

この台詞が初めて記載されたのは頼山陽《らいさんよう》（1781〜1832、江戸時代の歴史家）の『日本外史《にほんがいし》』である。同書は、文政《ぶんせい》10年（1827）に公刊されて以来、多くの知識人に愛読され、現代の教科書に匹敵するほどの影響力があった。

「吾《わ》が敵は本能寺に在《あ》り」は、山陽の創作と思われ、以後、光秀が謀叛の意思を明かす決め台詞として定着することになる。

老坂から本能寺までは約10キロ。光秀は自身への忠誠が確実な家臣によって編成された騎馬隊を先行させ、褒美《ほうび》目当ての兵士が本能寺へ駆け込むことを防いだ。2日未明、明智軍は織田方に気付かれることなく、本能寺の堀端《ほりばた》に到着。堀と塀を越え、境《けい》内《だい》へ突入したのだった。

本能寺の変 戦闘概況図

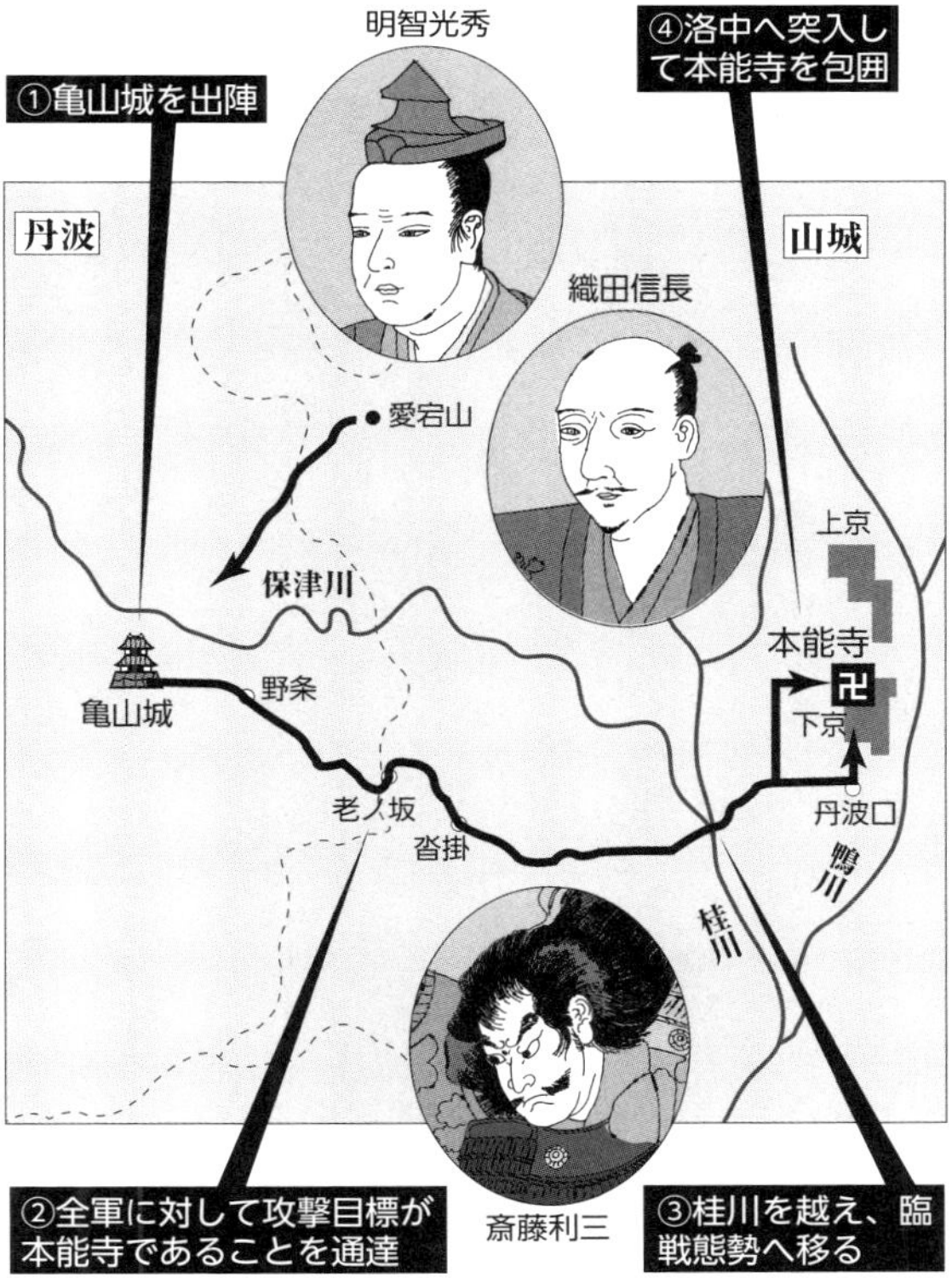

光秀は、利三の武将としての資質を高く評価。利三は、軍師として戦略や戦術を考案するとともに、実戦指揮官としての役割も兼務した。本能寺の変は、利三の立案した作戦計画と、前線での戦闘指揮により、成功へと導かれた

本能寺襲撃——獲物を逃さない完璧な攻撃態勢

2日未明、明智軍は敵に気付かれることなく、本能寺の堀端に到着。水堀と塀を越えて境内へ突入した。

信長は、本圀寺《ほんごくじ》の変を教訓とし、将軍義昭の御座所《ござしょ》として二条城を築いた。ただし、二条城は義昭が信長打倒を目指して挙兵すると、織田軍によって接収されて廃棄処分となった。

信長は、京都における織田氏の政庁として、南へ約800メートルの地点に二条城をあらたに造成した。また、京都における自身の宿所として本能寺を選択。敵の攻撃に備え、幅3メートルの水堀と、高さ3メートルの土塁を築き、その上部には高さ3メートルの塀を設置した。そして、2カ所の出入り口には城門が建設され、厳重に防御された。つまり信長は、万が一の事態に備え、コンパクトな平城を京都に築き、そのうちの本能寺を宿所とした。

２０００人程度の兵士の攻撃であれば、数時間は持ちこたえることができた。その間に京都防衛の任にあった光秀が救援に駆けつけるはずだった。だが、本能寺を襲撃したのは光秀であり、１万３０００人の兵力を擁しているとなれば、信長は窮地にあることを悟らざるをえなかった。

明智軍は、２カ所の門に対して攻撃を加えながら、水堀と塀を越えて境内へと侵入した。本能寺の守備兵力は１５０人程度に過ぎず、門の守備と信長の護衛に兵を分配したら、塀を越えて侵入する明智軍を防ぐことができなかった。

一説によると、光秀は信長が馬で逃亡することを恐れ、境内の厩《うまや》の占拠を優先するように命じたという。だが、本能寺は、水堀で囲まれていたため、馬での脱出口は橋が架けられている門に限定される。つまり、厩を占拠せずとも、門に攻撃を加えて攻略すれば、馬での脱出を阻止することができた。また、塀を乗り越えて脱出しようとしても、水堀の周囲には明智軍の兵士が配置されていたため、生き延びる確率は極めて低かった。視点を変えてみると、本能寺は周囲を防御ラインで固めていたことから、脱出できない牢獄と化していたともいえよう。

信長は、弓で敵の兵士を射抜き、さらに敵が接近すると、槍《やり》で奮戦したものの、傷を負ったため、御殿の中へ戻って切腹した。

信長は、切腹を前に配下に対して、自身の遺骸が敵の手に渡らないように放火することを命じたことから、本能寺は火に包まれ、壊滅的被害を受けた。

織田信忠は、妙覚寺《みようかくじ》を宿所としていたのだが、本能寺が襲撃されたことを知ると、隣接する二条城へ移って明智軍を迎え撃った。

正午には、明智軍は二条城の包囲を完了し、攻撃を開始した。二条城には、京都市街に滞在していた織田氏の家臣も駆け付けたことから、守備兵力は1500人に達した。だが、8倍の兵力差は埋めがたく、信忠は覚悟の自害を遂げた。信忠もまた、自身の遺骸が敵の手に渡らないように放火するように遺命したことから、二条城は炎に包まれながら、明智軍によって攻略された。

信忠は、二条城に立て籠もるに際し、誠仁親王《さねひとしんのう》に対して御所への退去を要請した。誠仁親王が御所へ徒歩での移動を強いられていると、里村紹巴は輿《こし》に乗せて親王を御所へ移動させた。「ときは今」の句で光秀の謀叛を事前に察知していた紹巴は、光秀と朝廷との接点となるため行動していたと想定できる。

家康は光秀との連携も模索していた？

２０１７年放送のＮＨＫ大河ドラマ『おんな城主　直虎《なおとら》』では、上洛した家康が信長から抹殺されるのではないかという危機に脅え、光秀とコンタクトをとるというシーンが加えられた。

信長が家康を謀殺したとしても、家臣が抵抗すると予測され、信長にとって不確定要素が大きいことから、家康殺害未遂説は否定される。ただし、信長は謀殺を命令せずとも、自身への絶対的服従を強いるため、「いつでも殺そうと思えば殺せる」と、籠《かご》の中の鳥に等しい状態にあることを家康に自覚させた可能性は残される。

本能寺の変の４年後（１５８６）、家康は秀吉の要請に応じて上洛するのだが、秀吉の母親である大政所《おおまんどころ》を人質として岡崎城に確保してから、ようやく重い腰を上げた。このことは家康の慎重さを示すとともに、本能寺の変前夜の恐怖感から、自分の安全を絶対に確保したかったという見方もできよう。

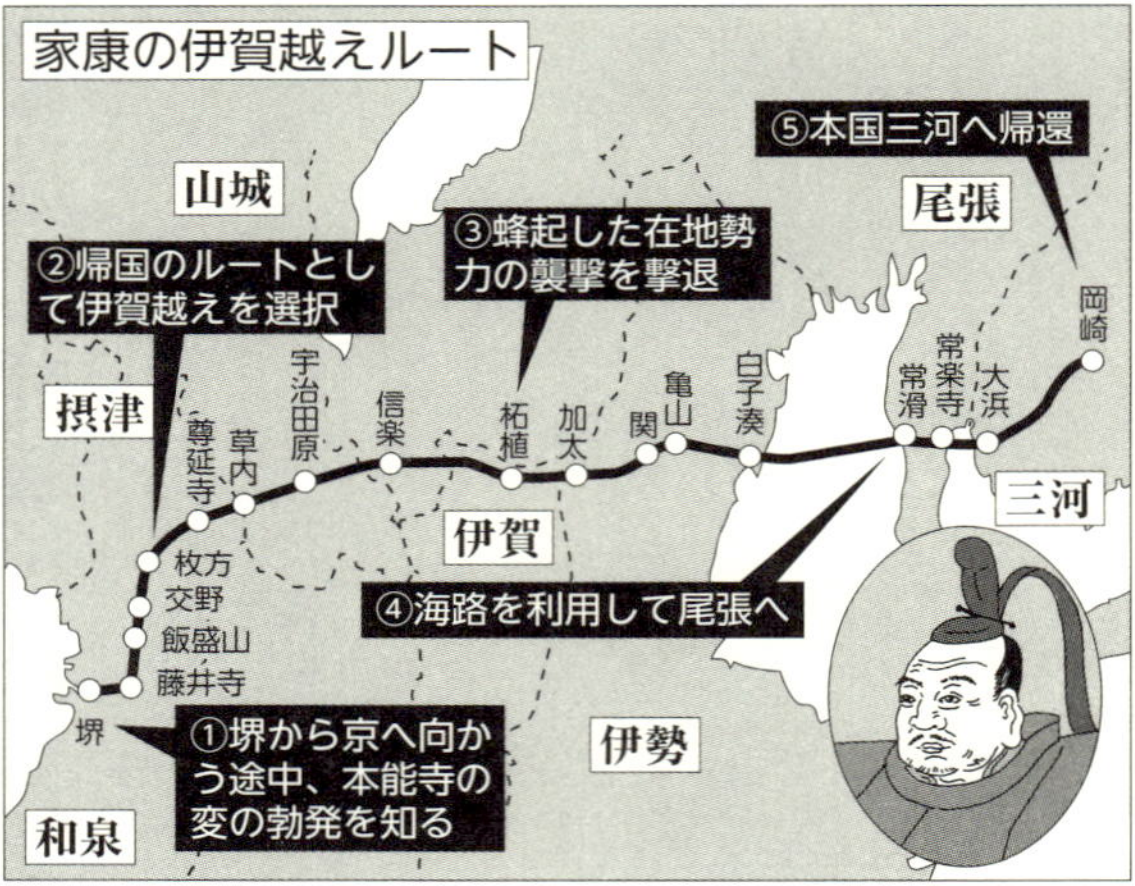

光秀は、木俣土佐《きまたとさ》を通じて家康とコンタクトをとり、謀叛を決行したときには、味方になることを期待した。ただし、信長に知られることを防ぐため、謀叛の決意を家康に知らせることはしなかった。

そのため、家康は本能寺の変を想定しながら、6月2日を迎えた。家康には、光秀の味方になるという選択肢もあったものの、三河への帰国を選択。4日には岡崎城に到着したところ、秀吉の中国大返しや、山崎合戦の結果を知り、光秀との協調という方向を完全に捨て、14日、岡崎城を出陣したときには、光秀討伐という大義名分を掲げた。そして、光秀との協調を模索していたという証拠は完全に消去したのだった。

遺骸が発見されなかったのは、信長最後の悪あがき

小泉純一郎《こいずみじゅんいちろう》元首相が愛読したことでも話題となった歴史小説『信長の棺《ひつぎ》』。作者の加藤廣《ひろし》は、『信長公記』の著者として知られる太田牛一《ぎゅういち》が本能寺の変の真相を探るという設定により、ストーリーを展開させた。『信長公記』は史料としての信頼性を評価されており、記録者としての太田の信頼感を作品に巧妙に取り込んだ。

信長は光秀の襲撃を受けながら、南蛮寺へ通じる抜け穴の存在により、脱出できるはずだった。だが、秀吉の配下が抜け穴を封鎖したことから窒息死したという設定でストーリーは進行した。

光秀は、信長の遺骸を捜索したものの、発見することができなかった。そのため、数日の間、信長不死説は京都周辺において蔓延した。だが、生きていれば姿を現すはずの信長が消息不明となっている状態が続くと、生存説は立ち消えになった。

遺体を発見できないように信長が放火した第一の理由は、生存説を生む素地を作り、

光秀による天下簒奪《さんだつ》を妨害することにあった。

また、自身の遺骸が凌辱《りょうじょく》されることを恐れた。信長は、朝倉義景《あさくらよしかげ》、浅井《あざい》父子の頭蓋骨に装飾を施したのをはじめ、自身に叛いた波多野《はたの》兄弟、秋山信友《あきやまのぶとも》らを磔《はりつけ》の刑に処した。自身を狙撃した杉谷善住坊《すぎたにぜんじゅぼう》には鋸《のこぎりび》引きという残酷な処刑方法を使用した。また、武田《たけだ》勝頼《かつより》の首を探し出して京都で晒《さら》したりもした。

死者に対して死後の尊厳を考慮せず、見せしめにした以上、自身の遺骸を入念に処理するのは当然のことだった。森蘭丸《もりらんまる》をはじめ、側近たちは信長の遺志を十分に理解し、主君の遺骸が判別できない状態になったのを確認してから、後を追ったと想定できる。つまり、信長の遺骸が発見されないことは、ミステリーの題材とされるものの、信長が過去に犯した残虐行為を考慮すれば、発見されなかったのは当然の流れだった。

ところで、阿弥陀寺《あみだじ》の玉誉清玉《ぎょくよせいぎょく》は、信長の遺骸を火葬して本能寺から持ち運んだともいう。だが、玉誉清玉の証言は、本能寺への侵入方法をはじめ、不自然な点が多く、僧侶らしからぬ武勇伝を創作した可能性が高い。そのため、信長をめぐる伝説の一つとされている。

光秀の苦境

光秀は、信長の人間性を冷静に判断しながら、家臣として忠実に尽くし、その期待に応えることにより、対価を与えられた。だが、自身の忠誠が信長という合理主義者には通用しなくなり、いつかは主従関係が破綻するという危機感を抱いた。

↓

逆転への決断

信長が少数の近臣だけを連れ、上洛したことは、光秀に信長を討つ絶好のチャンスをもたらした。光秀は、信長に抱いた不信感を爆発させるというマイナスの感情ではなく、天下を奪い取るという積極的な意思により、信長襲殺の最終的判断を下した。

POINT

光秀謀叛の背景に黒幕が存在したという説は成立しない。ただし、光秀は信長の襲殺に成功したのち、長曾我部元親や朝廷関係者の協力を期待していた。黒幕は存在せずとも、共謀しながらも証拠を隠滅した「被疑者」たちの状況証拠は残る。

史跡探訪 四

本能寺——信長襲殺事件の現場跡

本能寺跡地の現況

本能寺は明智軍の攻撃を受け、壊滅的被害を受けると、豊臣秀吉の命により、東北東へ約 1.2 キロに位置する現在地へ移転した。
跡地の北東の隅には、現在「此附近　本能寺址」と刻まれた石碑が立つ。かつては本能小学校の敷地の一角にあり、ブロック塀と鉄条網がバックに映り込むため、写真映えしなかった。だが、同小学校の統廃合により、老人福祉施設へ再生されるとともに、石碑の周辺が整備され、現在のような景観となった。

史跡DATA

住所：京都府京都市中京区元本能寺南町
アクセス：京都市営地下鉄烏丸線「四条駅」下車、徒歩約 5 分／市バス「四条西洞院」下車

第8章

山崎合戦

秀吉との最後の戦いに敗れるも、死して天下に名を留《とど》める!

安土入城——「三日天下」に酔い痴《し》れる

6月2日、光秀は二条城を攻略し、信忠の死を確認すると、夕方には、いったん坂本城へ戻った。5日には、安土城へ向けて進撃すると、留守を預かる任にあった蒲生《がもう》氏郷《うじさと》は、信長の家族を護衛して本拠の日野城《ひのじょう》へ退却した。そのさい、氏郷は、城内に保管された金銀や宝物を残し、壮大な天守や本丸御殿は放火しなかった。そのため、光秀は安土城を無傷の状態で接収することができた。

本能寺襲撃の以前、光秀は、信長の家臣として安土城に登城し、信長に謁見していた。信長は、天主（天守）の最上階で生活し、前面に琵琶湖が広がる風景を独占した。

安土城に入城した光秀は、天主の最上階に立ち、周囲の風景を見渡したとき、信長から天下を簒奪《さんだつ》できたことを実感したに違いない。

若き日に諸国放浪を続け、信長に才能を見出され、異例の出世を果たしながらも、パワーハラスメントに悩まされたことで、謀反を企て、絶好のチャンスを窺って、天下を奪い取ることができた。安土入城は、様々な苦境から脱し、ジャンプアップを続けた人生の一つの到達点だった。

厳しい見方をすると、光秀は安土城を手に入れることで上機嫌になり、刻々と迫りつつある危機への対処を怠ったといえなくもない。

7日には、吉田兼見が勅使として安土城を訪れ、戦勝を祝した。朝廷は、光秀と親しい兼見を勅使に選び、光秀が信長を討伐した行為を追認したのである。

8日には坂本城へ戻ってから、9日には京都へ移動し、朝廷に対して献金することにより、忠誠を誓う姿勢を示した。光秀が天下を取りながら、山崎合戦に敗れたことを「三日天下」という。山崎合戦は本能寺の変の11日後であるため、正確には「十一日天下」となるのだが、7日、安土城で勅使を迎え、9日、朝廷へ献金するまでが光秀の絶頂期としてとらえると、たしかに三日天下だったのかもしれない。

なぜ盟友幽斎の協力を得られなかったのか？

時計の針を、本能寺の変以前に戻そう。

光秀は、5月下旬から畿内周辺の情勢を観察すると、信長が京都へ移動すれば、襲撃して討ち取ることも可能だと判断し、最終的には、愛宕山で挙行した連歌の会で謀叛を決断した。その時点において、斎藤利三《としみつ》や明智秀満《ひでみつ》をはじめ、数名の重臣に決意を伝えたほかは、計画が漏洩しないように細心の注意を払った。

そのため、縁戚関係のあった盟友細川幽斎《ゆうさい》・忠興《ただおき》父子や、筒井順慶《じゅんけい》、織田（津田）信澄《のぶずみ》にも使者を送らなかった。

彼らからしてみれば、もしも謀叛の意思を事前に通達してもらえていれば、予め覚悟を固めたうえで第一報に接することができ、その後、光秀とともに戦っていたかもしれない。別の見方をすると、自分たちには何の相談もなく、光秀が信長への謀叛を決断したことが、それまでの交遊関係を断絶する大義名分ともなった。

そして6月3日、幽斎が信長の命に応じて宮津城《みやづじょう》で出陣の準備を整えていたところ、前日の本能寺の変を知った。細川父子は、髻《もとどり》を落とすことによって信長への弔意を示すとともに、光秀には関係謝絶を通達する使者を派遣した。

光秀は、父子に宛てた書状を9日付で送り、味方になるように要請した。その書状では、父子に対して摂津をはじめ、若狭《わかさ》、但馬《たじま》など、領地は希望通りに加増し、50日から100日かけ、畿内周辺を平定したら、自身は隠退して、嫡男の光慶《みつよし》と忠興に天下を譲ると約束した。

翌10日には、光秀は秀吉が中国大返しによって畿内に接近しているという情報を入手した。

幽斎は、本能寺の変の第一報を知った時点では、状況の推移を見守ろうとした。光秀優位に傾けば、長年の友情に応えて行動を共にするという選択肢もあったと想定できる。だが、秀吉による中国大返しを知ると、光秀を見限って秀吉に服属する決意を固めた。幽斎は、光秀と築き上げた友情よりも、細川の家名を後世に残すことを優先させたのだった。

細川父子は、中立的姿勢を維持したのに対し、池田恒興《いけだつねおき》、中川清秀《なかがわきよひで》、高山右近《たかやまうこん》は、秀吉への服属を誓い、羽柴勢の先鋒として光秀と対峙した。

彼らは、信長の命により光秀に従属していたに過ぎず、中国大返しという情勢の変化を見れば、秀吉に寝返るのは当然の選択だった。しかし、光秀にしてみれば、味方のつもりだった1万にも及ぶ軍勢が、敵に回ったことは大きな誤算となった。

別の見方をすれば、池田勢、中川勢、高山勢が味方となっていれば、戦力も拮抗し、まったく別の戦いが展開された可能性もあったかもしれない。

秀吉は、信長の遺骸が発見されなかったことを知ると、本能寺から近江へ逃げ落ちたという虚偽の情報を流す「謀略戦《ぼうりゃくせん》」を展開した。

恒興、清秀、右近は、光秀がひと言も自分たちに相談することなく、本能寺の変を起こしたことに不満を抱いていた。また、信長が生きているのであれば、秀吉と共に戦う大義名分を手にすることもできたといえよう。

秀吉は、有岡城主の恒興、茨木城主の清秀や、高槻城主の右近を傘下に従えることにより、摂津と山城《やましろ》の国境まで進軍することが可能となり、山崎が決戦の地として選択される環境が整えられた。また、清秀や右近は、山崎周辺の地理を熟知していたため、勝利への水先案内人の役割を果たした。

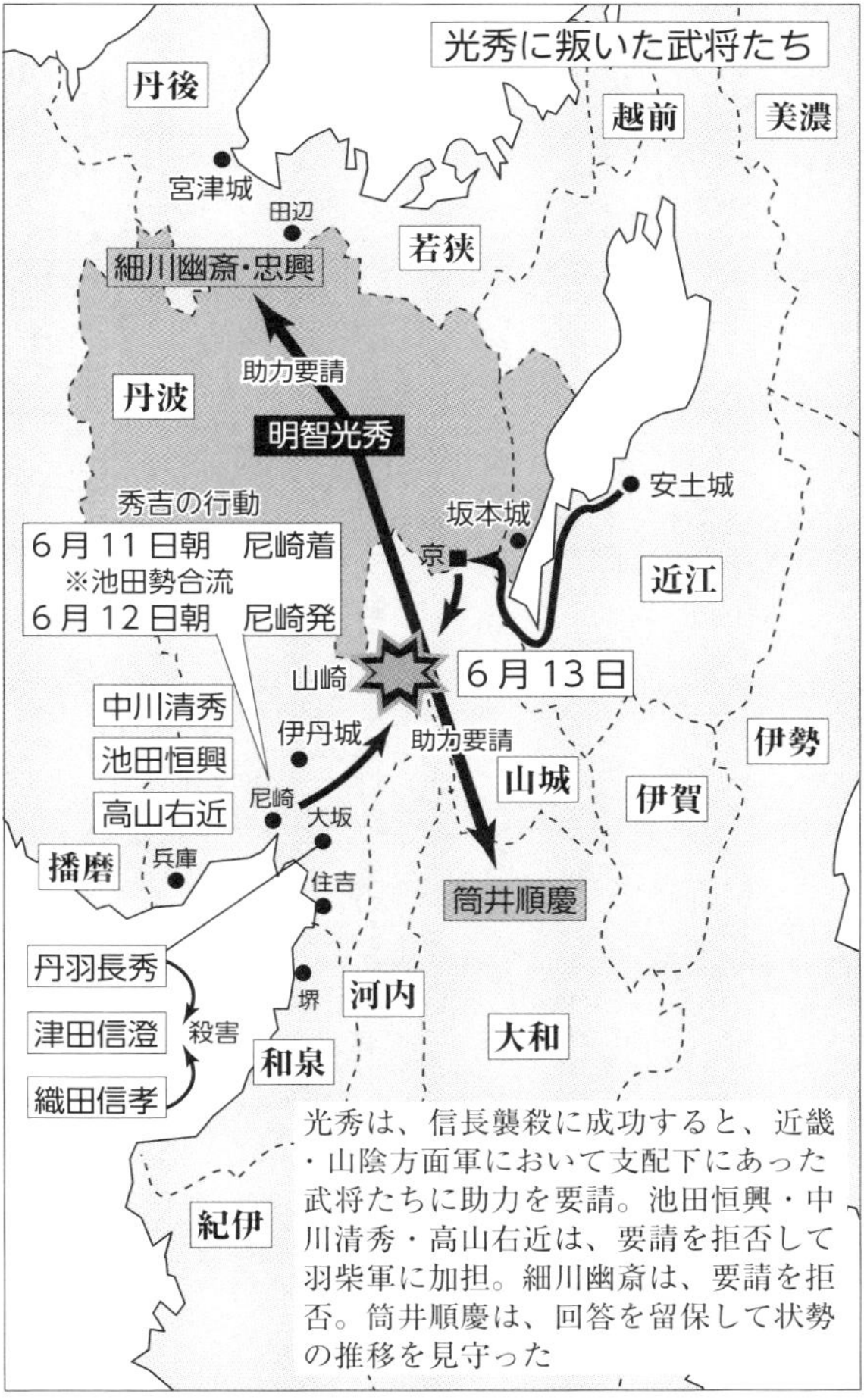

光秀は、信長襲殺に成功すると、近畿・山陰方面軍において支配下にあった武将たちに助力を要請。池田恒興・中川清秀・高山右近は、要請を拒否して羽柴軍に加担。細川幽斎は、要請を拒否。筒井順慶は、回答を留保して状勢の推移を見守った

中国大返し——想定外だったライバル秀吉の機動作戦

羽柴秀吉は、6月3日の深夜、主君の信長が光秀によって殺害されたことを知ったとされる。

このとき、秀吉は、難攻不落の要衝として知られる備中高松城《びっちゅうたかまつじょう》を水攻めにしていた。毛利輝元《もうりてるもと》は、城主の清水宗治《しみずむねはる》を救うため、3万人の大軍を率いて備中へ出陣。すると、秀吉は、単独では対処できなくなったことから、信長の来援を要請した。だが、来援軍の主力のはずの明智勢が信長を討つという突然の変事が勃発したのである。

秀吉は、毛利方と和睦交渉を進め、「もし、主君信長が備中に来援して決戦を行えば、毛利方に勝ち目はなくなります。そうなる前に和議を結んで、織田家に従属したほうがよいでしょう」と提案。その結果、翌4日には、備中高松城主の清水宗治の切腹と、毛利領の一部割譲を条件に和議が成立した。7日の夕刻には、秀吉の本隊は姫路城までたどり着き、移動速度の遅い輸送部隊も翌朝にかけ、無事に撤退を終えた。

秀吉は、配下の兵士たちに休息を与えたのち、9日には姫路城を出撃し、11日には尼崎《あまがさき》へ進出し、四国征伐のために大坂で待機していた織田信孝《のぶたか》や丹羽《にわ》長秀《ながひで》の軍勢や、光秀を見限って秀吉の指揮下に入ることを誓った池田恒興、中川清秀、高山右近らの軍勢と合流した。13日には、山崎において明智勢と激突して勝利を収めた。

一連の流れを足早に追うと、このようになり、秀吉は中国大返しによって信長の仇を討つことができ、その後継者として名乗りを上げることができた。

秀吉は、備中高松城を水攻めにしながら、畿内周辺の情勢の推移を見守っていた。信長は、クーデターが起きなければ、朝廷からの関白、太政大臣《だじょうだいじん》、征夷《せいい》大将軍《たいしょうぐん》のいずれかに就任するという提案に応じるはずだった。秀吉にとり、自分をはじめ、重臣にさえ、行動計画を教えようとしない信長の存在は脅威だった。そのため、信長からの正式な使者を待つだけでなく、独自の情報網を駆使して、畿内周辺の情勢の推移を見極めようとしていた。その過程において、光秀が行動を開始すれば、本能寺の信長の寝首をかくという情勢にあることを察知した。

軍師として秀吉に尽くした黒田官兵衛《かんべえ》は、畿内周辺の情勢を判断し、光秀の行動を監視するように配下に伝えた。そのため、明智軍が京都へ進撃を開始した時点において事態の急変を急報するための伝令要員が備中へ急行するように段取りを整えていた。京都から備中高松城までの移動距離は約２００キロ。早馬を使えば、20時間で情報を伝達することは可能だった。

定説では、光秀が毛利サイドに送った密使を捕らえることにより、３日深夜、本能寺の変を知ったとされる。だが、光秀が本能寺への攻撃を開始した時点において、第一報が発信されていれば、３日の早朝には、秀吉の元へ光秀の行動開始が伝えられることも可能だった。

官兵衛は、様々な事態が起きることを想定し、それぞれのシミュレーションを事前に計画していた。そのなかには、光秀が謀叛を起こさず、山陽道を進軍するという選択肢も含まれていた。結果的に、光秀が謀叛を起こしたことを知ると、好機到来とみなし、秀吉に対して作戦計画の実行の了解を求めるとともに、毛利との和睦や中国大返しの準備を開始したのである。

もしも本能寺の変が起きていなければ、明智勢は山陽道を西へ進み、６月10日には、

「本能寺の変」前後の光秀と秀吉の動向

秀吉		光秀
信長から備中への出陣を下命	天正10年(1582)3月	信長による武田攻めに同行
備中高松城を水攻めにする	5月上旬	坂本城に帰還
信長に備中への出陣を要請	5月中旬	信長から家康の饗応を下命
	5月17日	信長から備中への出陣を下命
	6月2日	本能寺を襲撃。信長は自害
本能寺の変の第一報が到着	6月3日	
中国大返しによって尼崎に到着	6月11日	京都南郊の下鳥羽に進出
山崎合戦に勝利	6月13日	山崎合戦に敗北

備中方面に到着していたはずだった。つまり、秀吉が中国大返しに成功したのは、同じルートを信長が逆に行軍する予定だったため、畿内から備中高松城までの、武器、兵糧、草鞋《ぞうり》などが事前に用意されていたから、ともいえる。

本能寺の変が勃発する以前から、実は中国大返しの準備は整えられていたようなものだった。

本能寺の変という突然の変事により、日本国内は混乱状態に陥ったにもかかわらず、秀吉は冷静だった。

だから主君信長に代わり、天下人の座を手にすることができたのである。

「決戦の地」山崎へ——乾坤一擲の迎撃作戦

筒井順慶《つついじゅんけい》は、光秀からの出動要請を受けると、洞ヶ峠《ほらがとうげ》に出陣し情勢を観望していたが、明智勢不利と見ると、退却したといわれる。そのため、「洞ケ峠の筒井順慶」は、日和見《ひよりみ》の代名詞となり、「洞ヶ峠を決め込む」という故事成語が生まれた。

だが、史実では、洞ケ峠にいたのは光秀であり、10日、光秀は順慶の出陣を促すため、洞ケ峠へ移動した。軍事的な圧力をかけることにより、順慶の協力を得ようとしたのだが、光秀の元には、想定外の情報が伝えられた。

光秀が謀叛を決断する背景には、織田軍団の同僚たちが「地方出張中」という前提があった。予想通り、柴田勝家は北陸において上杉景勝の戦いで釘付けにされている一方、もう一人のライバルである羽柴秀吉が毛利輝元と和議を結び、「中国大返し」により、姫路まで到着したという情報が洞ヶ峠の陣中にもたらされたのである。

翌11日朝、光秀は下鳥羽《しもとば》まで移動し、羽柴軍の接近という想定外の事態に備えるた

明智光秀が指揮した全合戦「15勝2敗4分」の真実

勝敗	日付	合戦名	対戦相手	概要
○	1569年1月5日	本圀寺合戦	三好三人衆	三好三人衆を撃退
△	1570年4月	金ヶ崎退却戦	朝倉義景	羽柴秀吉と殿戦
○	1571年9月12日	比叡山焼き討ち	延暦寺	焼き討ちの中心部隊として活躍
△	1572年7月	小谷城攻防戦	浅井長政	小谷城を攻略できずに撤退
○	1573年2月26日	今堅田合戦	一向宗	一向宗門徒を撃退
○	1573年7月18日	槇島城攻防戦	足利義昭	槇島城に籠もる義昭を降伏へ
○	1574年9月	石山本願寺平定戦	顕如	降伏を許さず殲滅
○	1575年4月	高屋城攻防戦	三好康長	三好康長を下す
○	1575年8月	越前一揆平定戦	一向一揆	一向一揆殲滅戦
●	1576年1月	黒井城攻防戦	赤井直正	波多野軍の攻撃で退却
△	1576年5月3日	石山本願寺平定戦	顕如	信長自ら救援
○	1577年3月	紀州攻め	雑賀衆	雑賀衆に苦戦するが勝利
○	1577年10月1日	信貴山城攻防戦	松永久秀	久秀は自ら爆死
○	1578年7月20日	神吉城攻防戦	別所長治	別所長治傘下の神吉氏を下す
△	1578年11月9日	有岡城攻防戦	荒木村重	有岡城を攻略できず
○	1579年5月	氷上城攻防戦	波多野秀治	秀吉と協力して攻略
○	1579年6月2日	八上城攻防戦	波多野秀治	長期の兵糧攻めで降伏
○	1579年7月	弓木城攻防戦	一色義有	一色氏を討伐。和議へ
○	1579年8月9日	黒井城攻防戦	赤井忠家	城主の死に乗じて攻略
○	1582年6月2日	本能寺の変	織田信長	信長を急襲
●	1582年6月13日	山崎合戦	羽柴秀吉ら	援軍を得られず敗死

光秀の生涯の戦績は15勝2敗4分、勝率8割8分2厘。山崎の戦いでの敗亡を除くと生涯わずか1敗。秀吉をも凌ぐ抜群の軍功が、家中随一の出世につながった（○＝勝ち、●＝負け、△＝引き分け）

め、状況の変化を見極めながら、対抗手段を斎藤利三《さいとうとしみつ》や明智秀満《ひでみつ》らと協議した。

光秀には、いったん京都を放棄し、丹波亀山城（京都府亀岡市）や近江坂本城（滋賀県大津市）に退くという戦術も選択肢にあった。

盆地に立地する京都は、敵からの侵入を防ぐことが難しく、源平合戦の時代から、守ろうとする側が敗北するというジンクスがあった。のちの鳥羽伏見《とばふしみ》の戦い（1868）では、京都を防衛した新政府軍が勝利することにより、ジンクスは破られたものの、光秀はジンクスに勝てなかったともいえる。

もしも、いったん京都を放棄したうえで、奪還することを目指していれば、攻守所を変えることになり、史実とは別の攻防戦が繰り広げられていたに違いない。

だが、光秀は西から京都へ迫る敵を防ぐには、唯一の関門ともいえる山崎を決戦の地として選択した。

琵琶湖から発し、大坂湾を河口とする淀川は、広大な平野を形成した一方、山崎周辺では山並みが川辺まで迫り、その中央を西国街道《さいごくかいどう》が貫いていた。光秀は、山崎に布陣すれば、勝算はあると判断し、乾坤一擲《けんこんいってき》の迎撃作戦を秀吉に挑むため、12日、山崎への移動を命じたのだった。

天王山を占拠され、不利な陣形を強いられる

決戦の地の代名詞となった天王山。山上からは、山崎古戦場が一望できることからもわかるように、山上を占拠することにより、決戦を優位に進展することへの前提条件となった。

茨木城主の中川清秀は、光秀に味方するという選択肢もあり、去就を秀吉から疑われる立場にあったことから、秀吉への忠誠を示すため、天王山を占拠した。

黒田官兵衛は、中川隊の先導により、羽柴秀長とともに天王山に布陣し、明智勢の動きを見極めながら、最善の策を練り上げて秀吉に献策した。

羽柴勢は、天王山を占拠するとともに、京都へ進撃することも不可能ではなくなった。だが、官兵衛は、山崎を決戦の地として明智勢を誘い出すため、天王山から進撃しなかった。そう考えると、光秀は官兵衛の仕掛けた罠にはめられたともいえよう。

光秀は、誤算の連続により、冷静な判断を下すことができず、山崎での決戦に固執し

て敗れたのだった。

秀吉は、池田恒興、中川清秀、高山右近が味方したことを歓迎しながらも、本来は光秀の配下である彼らを信頼していなかった。そのため、亡き信長、もしくは自身への忠誠を示すため、この3人には先鋒として最前線で奮闘することを命じた。

そして、自身は先鋒部隊が敗走をする、もしくは寝返るという非常事態が発生しても、安全に退却できる後方で全軍を指揮した。

決戦の前日から、明智勢は、淀川支流の円明寺川《えんみょうじ》（現在の小泉川）を自然の堀として利用し、その後方に布陣して羽柴勢を迎え撃つ態勢を整えた。自然の堀といっても、川幅は10メートル以下であり、地形的障害としては、ないよりもましな程度だった。しかも、戦闘が開始されると、明智勢は川を越えて羽柴勢に攻撃を加えた。

山崎の関門としての地形的効果を最大限に発揮するためには、秀吉が本陣とした宝《ほう》積寺《しゃくじ》周辺を前線として設定すべきところ、中川隊の天王山占拠によって、明智勢は、円明寺川まで防衛ラインを下げざるをえなかったのである。

圧倒的な戦力格差に、明智軍団が崩壊！

梅雨時特有の小雨が降り続き、両軍が対峙する状態が続くなか、午後4時頃、明智方の伊勢貞興《さだおき》の部隊が羽柴方の中川清秀の部隊に攻撃を仕掛けることによって戦端は開かれた。そして、明智方の左翼に布陣する斎藤利三の部隊も高山右近の部隊に攻めかかることにより、戦いは一気に佳境へ達した。

利三は、本能寺襲撃を主導し、光秀の軍師に等しい立場にあった。なお、後方で指揮する官兵衛とは異なり、島左近《さこん》や山中鹿介《しかのすけ》と同じように、前線で奮戦しながら、味方を勝利に導こうとするタイプの軍師だった。

利三は、自軍には予備の兵力がないのに対し、敵軍には交替要員の部隊が後方に待機していることを認識していた。そのため、序盤戦の段階で敵の一部を敗走させ、混乱を全軍に波及させれば、勝算もあるという判断から、羽柴勢に対して猛攻を加えたのである。

斎藤隊を中核にした総攻撃により、中川隊や高山隊が浮足立つシーンもあった。だが、堀秀政《ひでまさ》の部隊が後方から進出して前線を支えることにより、明智勢の攻勢を凌いだ。また、池田恒興と加藤光泰《みつやす》の部隊が明智勢の左翼から迂回攻撃をしかけると、明智勢の猛攻には歯止めがかけられた。

午後6時、攻守所を変えると、予備の部隊がない明智勢には疲労感が漂い、後方で待機していた輸送部隊が敗走を開始すると、全軍が統率不可能な状態に陥った。

梅雨の雨は両軍の兵士の体力を消耗させた。また、鉄砲は渋紙《しぶがみ》によって火薬や火縄に湿気が移ることを防げても、雨の中で射撃を続ければ、使用不能となる。明智勢の鉄砲が使い物にならなくなったのに対し、羽柴勢は、前線の中川隊や高山隊が戦闘能力を低下させても、後方に布陣していた丹羽長秀や織田信孝の部隊は、戦力を消耗させることなく、渋紙で包まれていた鉄砲により、明智勢に攻撃を加えることができた。やはり、最終的には戦力の格差により、明智勢は敗走を余儀なくされたのである。

小栗栖の悲劇――波瀾の生涯を閉じる

夕闇が迫る頃、光秀は戦線の立て直しは不可能と判断し、後方の勝龍寺城《しょうりゅうじじょう》（京都府長岡京市）に退却。その後も兵士たちの脱走に歯止めがかからなかったため、ついに丹波亀山城への撤退を決意した。逃走のさなか、京都南郊の小栗栖《おぐるす》村において、農民が突き出した槍を腹に受けて致命傷を受け、無念の自害を余儀なくされた。

本能寺の変が勃発すると、京都周辺の治安は悪化し、生活の苦しい庶民は、武装蜂起した。信長上洛以前の京都では、貧困層が富裕層を襲撃する「土民一揆」が頻発していた。山崎合戦が勃発すると、「土民」たちは自分たちの生活圏を守るため、竹槍《たけやり》や鍬《くわ》で武装するとともに、落ち武者狩りのチャンスを狙い続けていたのである。

溝尾庄兵衛《みぞおしょうべえ》は、光秀の介錯《かいしゃく》をするとともに、主君の首を竹藪に隠した。だが、首は農民によって発見され、秀吉へ差し出された。秀吉は、光秀とは面識があり、本人の首と確認することができたため、生存説に悩まされることはなかった。

明智秀満《あけちひでみつ》は、光秀の命を受け、安土城の守備にあたっていた。だが、山崎合戦で光秀が苦戦しているという知らせを受けると、14日早朝、約1000の兵士を率いて安土城を出立したところで、敗報がもたらされ、坂本城を目指した。大津では、羽柴方の堀秀政《ほりひでまさ》の部隊と一戦を交えたのち、坂本城へ入った。

秀満は、溝尾庄兵衛から主君光秀の死を聞くと、再起の可能性はないと判断し、兵士には城から脱出することを許した。15日、羽柴軍による坂本城総攻撃が開始されると、秀満は、光秀の娘である自身の妻や子どもたち、光秀の子どもたちとともに、落城の炎に包まれながら、覚悟の自害を遂げた。

その前日には、丹波亀山城が羽柴軍によって攻略されており、留守にあたった長男光慶は、諸説分かれるが、自害したと思われる。

斎藤利三は、光秀とは行動をともにせず、近江堅田で潜伏しているところを羽柴方によって捕縛され、17日、京都六条河原で斬首に処された。そして、主君光秀の首とともに晒され、謀叛人としての悪名を後世に残したのだった。

秀吉に背負わせられた謀叛人の汚名

光秀との山崎合戦に勝利した秀吉は、翌年には賤ヶ岳《しずがたけ》合戦に勝利し、柴田勝家を打倒するなど、強敵を打破し、ついには天下統一という偉業を達成した。

大村由己《おおむらゆうこ》は、秀吉に側近として仕えながら、その業績を後世に伝えるスポークスマンの役割を果たした。由己が著した『惟任退治記《これとうたいじき》』では、謀叛を起こして主君信長を死に追い込んだ光秀を大罪人とみなし、秀吉が退治するという流れにより、秀吉が光秀を打倒するまでの歴史が記録された。

慶長5年（1600）、家康が関ヶ原合戦で豊臣に勝利するまで、豊臣の時代では、光秀は謀叛人として扱われていたが、徳川の天下になると、悲劇の武将とみなされ、謀叛人や悪人としてのレッテルは希薄になっていった。

江戸時代には、明智光秀を主人公にした人形浄瑠璃や歌舞伎が上演され、人気を博した。

光秀死後の関連事績年表

天正 10 年(1582)	明智光秀、山崎合戦に敗れて、敗走中に無念の自害を遂げる
文禄 3 年(1594)	秀吉の意向により、光秀を謀叛人として卑下する史書や文芸作品が創作される
慶長 8 年(1603)	関ヶ原合戦で石田三成を中心とする西軍が、徳川家康の東軍に敗れ、天下は豊臣から徳川の時代へ移る
慶長 9 年(1604)	斎藤利三の娘・福(春日局)が徳川家光の乳母に抜擢される
寛永 20 年(1643)	光秀と同一人物と伝承される天台宗の僧侶・天海が病没する
元禄年間(1688〜1704)	明智光秀を主人公にした『明智軍記』が執筆される
文化 5 年(1808)	光秀を主人公とした歌舞伎が上演される
昭和 33 年(1958)	高柳光寿が『明智光秀』を上梓し、「本能寺の変」の動機として「野望説」を主張
昭和 38 年(1963)	雑誌『サンデー毎日』誌面で司馬遼太郎の『国盗り物語』の連載が開始される
令和 2 年(2020)	明智光秀を主人公にした NHK 大河ドラマ『麒麟がくる』が放映開始(予定)

文化5年(1808)初演の歌舞伎『馬《ば》盥《だらい》の光秀』では、光秀は森蘭丸から鉄扇《てっせん》で打たれ、信長には馬盥で酒を飲むように命じられる。そして、丹波の領地を召し上げられることにより、追い詰められた光秀が、謀叛を決意する。作者の4代目鶴屋《つるや》南北《なんぼく》は、光秀にまつわる定番のエピソードを盛り込みながらも、馬盥のシーンを加えることにより、独自の見せ場を創作した。

秀吉が天下人だった頃は、信長への批判は許されず、光秀は謀叛人のままだった。だが、江戸時代になると、信長の残虐性が誇張され、暴君と化したことによって自滅するという筋書きが生まれ、野望説よりも怨恨説が主流になっていったといえよう。

春日局の出世と家康黒幕説を関連づけるトリック

大奥総取締《おおおくそうとりしまり》として、江戸城の裏の世界の頂点に立った春日局《かすがのつぼね》。4歳のとき、父の斎藤利三は、秀吉の命で処刑された。1989年放映のNHK大河ドラマ『春日局』では、少女のお福が父の処刑に立ち会うというシーンが印象的に描かれた。これは脚本家の橋田壽賀子《はしだすがこ》氏の創作であり、丹波亀山城下の屋敷で父の悲報を知ったと思われる。

幼いお福は、謀叛人の娘として後ろ指を指されながら生きることを余儀なくされた。母方の実家の稲葉氏に引き取られ、稲葉正成《いなばまさなり》の妻となり、4人の男子をもうけるが、その後離別する。原因は、夫の浮気ともいわれるが、定かではない。26歳のとき、お福は徳川将軍家光《いえみつ》の乳母《うば》として大抜擢された。

家康は、徳川の天下を固めるにあたり、織田や豊臣の天下では不遇だった人材を厚遇した。信長によって滅ぼされた武田家旧臣を取り立てたのは、その典型例といえる。

家康は、信長や秀吉に冷遇された者たちの反発心を利用するとともに、豊臣の天下を引き継いだ自分までもが彼らに恨まれることを避け、社会不安の根を断ち切ろうとした。また、不遇であった人材を登用すれば、徳川氏に対する忠誠心が高まるという計算もあったと分析できる。つまり、豊臣の天下では「謀叛人の娘」のレッテルを貼られていたお福であっても、将軍家の乳母になることに支障はなかったのである。

お福は、家康の期待通り、乳母として家光に尽くし、肉親の愛情に飢えていた家光から実の両親以上の信頼をえた。第2代将軍秀忠《ひでただ》の後継者を弟の忠長《ただなが》にしようという動きがあったとき、彼女が家康に直訴することにより、家光の嫡男としての地位が確定したとも伝えられる。

お福は、大奥を統率する地位を与えられ、江戸城の「奥の世界」における頂点に立った。また、別れた夫との間に生まれた稲葉《いなば》正勝《まさかつ》や、姻戚関係にある堀田《ほった》正盛《まさもり》が老中に出世しているように、「表の世界」でも影響力を誇った。

春日局は、無念の最期を遂げた父や、光秀について語ることはなかった。

だが、家光に忠誠を尽くした彼女の存在により、光秀の大逆非道な謀叛人とのイメージは薄まり、暴君信長によって謀叛へと追い込まれた悲劇の武将というストーリーが形成されたといえよう。

春日局を中心とした人物相関図

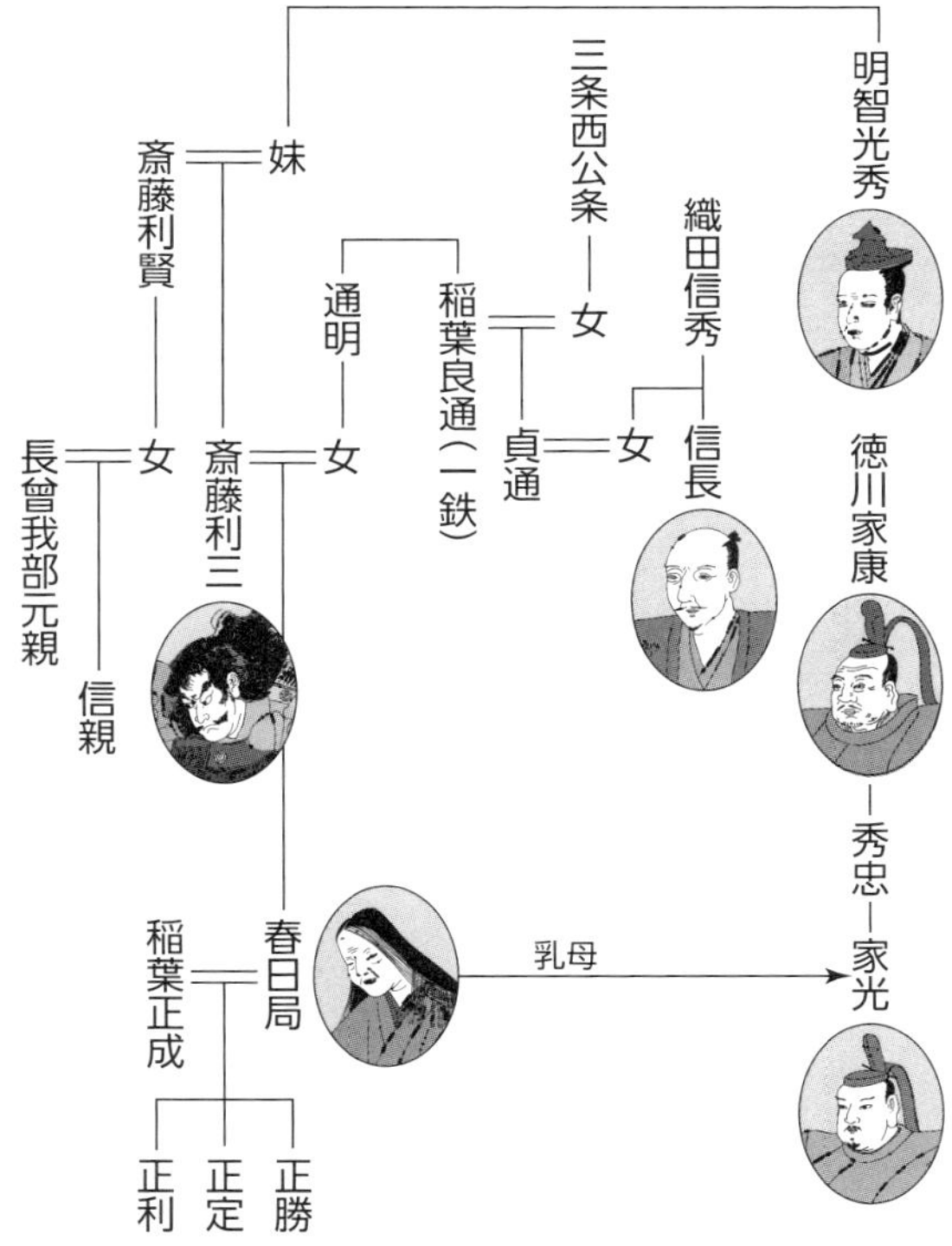

お福（春日局）は、夫の正成の浮気に悩まされ、離婚したとされる。そのため、歴史の流れのなかで正成は「春日局の元亭主」として扱われる。だが、正成は、関ヶ原合戦において、主君の小早川秀秋が内応するように導くことにより、東軍の勝利に貢献したという実績があった。お福が家光の乳母に抜擢された背景には、関ヶ原合戦の論功行賞という意味合いも秘められていた

光秀と天海が同一人物でない決定的証拠

「黒衣《こくい》の宰相《さいしょう》」と称された天海《てんかい》。徳川家康をはじめ、第2代将軍秀忠や3代将軍家光の信任を受け、早創期の徳川幕府における政策決定に関与した。天海の前半生は、謎に包まれている点も多いことから、明智光秀と天海が同一人物であるという伝説が語られ続けている。

春日局は、父の主君である光秀と再会を果たし、ともに徳川家のために尽くしたとすれば、同一人物説は真実のように思えてくる。また、家康が本能寺の変勃発前夜において、光秀と謀議したのであれば、生き延びた光秀を保護するというストーリーも俄然真実味を帯びてくる。

だが、光秀は死んでおらず、天海として生き延びたとする伝説は、あくまでもフィクションに過ぎない。

天海は、山崎合戦が勃発した時点において、芦名《あしな》氏の保護を受けて会津《あいづ》にいたことが確認され、光秀とは別人であることが確実視されている。それでも、光秀は不慮の事故で死亡した天海になりすまし、家康に仕えるというストーリーが提起されるなど、光秀天海同一人物説は、しぶとく生き続けている。

秀吉は、光秀とは面識があったので、別人の首と見間違えることはなかっただろう。小説などでは、土中から掘り出され、梅雨時の暑さで腐食が進んでいたため、誰の首か判別がつかなかったというように、生存説を成立させるためのフィクションが追加されたりする。

だが、秀吉は、光秀が信長の首を捜索しても発見できずに焦慮していたことを知っており、光秀の首を発見して公開することの重要性を十分に理解していた。そのため、光秀の首が発見されると、塩漬けにして防腐処理を十分に施したはずだった。光秀の顔を知っている者も知らない者も、晒された首の真贋を見極めようとしたはずであり、偽《にせ》の首を晒すことはできなかっただろう。

光秀天海同一人物説が唱えられ始めたのは、近代になってからであり、源義経《みなもとのよしつね》や西郷隆盛《さいごうたかもり》と同じような、英雄不死伝説の一種とみなすべきだろう。

光秀は敗者ではなく、歴史に名を残した成功者

光秀にとって、秀吉による中国大返しは想定外の出来事だった。山崎合戦に敗れたことにより、信長から奪った天下はあっけなく秀吉に横取りされた。

だが、いわゆる三日天下《みっかてんか》であっても、京都周辺を制圧し、天下に覇を唱えたことには違いがなかった。

一度は故郷を追われ、諸国を放浪したこともある一介の浪人が、己の才覚で天下をその掌中に収める。この波瀾の生涯は、たとえ非業の最期を迎えたとしても、サクセスストリーに分類してよいのではないか。

光秀は、精神不安状態から謀叛を起こした、もしくは黒幕に操られていたという想定で本能寺の変を語ろうとすることは、明智光秀という類《たぐ》い稀《まれ》なる戦国武将に対する名誉毀損《きそん》だと、私は思っている。

光秀の苦境

「三日天下」であったとしても、京都を制圧し、天下に覇を唱えたという事実は永遠に残った。だが光秀は、秀吉による中国大返しにより、基本計画の変更を強いられた。また、盟友の細川幽斎の協力も得られず、孤立無援の状況に陥った。

逆転への決断

光秀には、いったん京都を放棄して再起を図るという選択肢もあった。だが、主力部隊を率いて山崎へ移動。優勢な羽柴軍に対して決戦を挑んだ。最前線での指揮を斎藤利三に委ね、大逆転勝利への希望を託した。

POINT

光秀は、明智一族の傍流に生まれながらも、戦国乱世の流れを左右する演出者の一人へ進化を続けた。信長の家臣として、天下布武の達成のみに貢献していたら、その名は埋没していた。光秀の生涯は、敗者としてとらえるより、成功者として評価したほうが、その実像に迫ることができる。

史跡探訪 伍

小栗栖——覚悟の自害を遂げた終焉の地

最期の地に立つ「明智藪」の碑

光秀は山崎から敗走の途中、小栗栖《おぐるす》村において非業の最期を遂げた。光秀最期の地には、「明智藪」と刻まれた石碑が立つ。今から 30 年ほど前までは、明智藪の名にふさわしく竹藪の中に石碑があったが、四半世紀の歳月が経過したのち、現地は申し訳程度に竹藪が残されているだけとなっている。

小栗栖の地を訪ねると、約 500 年の時を経て、京都の南郊が住宅地として発展を続ける姿を目にすることができるだろう。

史跡DATA

住所：京都府京都市伏見区小栗栖
アクセス：市営地下鉄東西線「醍醐駅」下車、徒歩約15分、京阪バス「小栗栖」下車、徒歩約 5 分

明智光秀関連年表

和暦	西暦	年齢	光秀の動き	関連する出来事
大永8 享禄元	1528	1	美濃の明智光綱の嫡男として光秀誕生	
天文3	1534	7		尾張の武将織田信秀の嫡男として信長誕生
天文6	1537	10		尾張の足軽木下弥右衛門の子として秀吉（藤吉郎）誕生
天文21	1552	25		信長の父信秀が病死、信長が家督を継ぐ
弘治2	1556	29	4月、斎藤義龍に攻められ、明智城が落城。父・光綱は自害。光秀は美濃を追われ、諸国放浪の旅に出る	4月、長良川合戦で、斎藤道三が子・義龍に討たれる
永禄3	1560	33		5月、信長が桶狭間の戦いで今川義元に勝利
永禄8	1565	38		5月、三好三人衆と松永久秀に襲われ、13代将軍足利義輝が自害
				7月、覚慶（のちの足利義昭）が奈良を脱出
				10月、覚慶が近江の矢島御所へ移る
永禄9	1566	39		2月、覚慶が還俗する
永禄10	1567	40	朝倉義景の家臣として、足利義昭・細川幽斎（藤孝）と出会う。義昭にも仕えるようになり、二重雇用状態となる	9月、信長が美濃稲葉山城を落とす
				9月、義昭が敦賀に入る。織田と浅井の同盟が成立
			義昭の家臣として、幽斎とともに信長と折衝する	11月、義昭が越前一乗谷に入る
永禄11	1568	41		2月、足利義栄が室町幕府14代将軍に就任
			8月、細川幽斎と織田信長の間を取り持つ	7月、足利義昭が一乗谷を発ち、小谷城に入ったのち立政寺に着く。信長と対面する
			10月、義昭が信長に奉じられて上洛。光秀も同行する	
			11月、幽斎・里村紹巴らとの連歌会に出席	12月、足利義昭が15代将軍に就任
永禄12	1569	42	義昭が三好三人衆に襲撃され、光秀が幽斎とともに防戦にあたる	2月、信長が義昭の居所・室町邸の建設に着手

永禄13 元亀元	1570	43	長子十五郎（のちの光慶）が生まれる（諸説あり） 4月、金ヶ崎の戦いに敗れ、秀吉とともに、退却する信長の殿を務める 5月、丹羽長秀とともに、若狭に出陣する 9月、山城国の勝軍山城に入り、二条を警備。浅井軍の警戒にあたる 12月、森可成の死後、近江宇佐山城主となる	9月、信長が志賀の陣で朝倉・浅井勢に敗れる
元亀2	1571	44	8月、信長の近江出陣に参加する 9月、信長の延暦寺攻めに参加し、比叡山を焼き討ちする 信長より、褒賞として近江国滋賀郡と洛中の延暦寺の管理を任され、坂本を拠点にする	8月、信長が近江出陣を計画
元亀3	1572	45	3月、近江木戸城・田中城攻めを行う 4月、柴田勝家・佐久間信盛・滝川一益とともに、河内国交野郡の片岡氏の調略を策す 12月、坂本城が完成、居城を移す	
元亀4 天正元	1573	46	2月、信長と対立した義昭方の、今堅田城・木戸城・田中城近辺で戦闘し、かろうじて勝利を収める 7月、義昭が籠もった槇島城攻めに参加 村井貞勝とともに京都代官に就任	4月、甲斐の武田信玄が病死 7月、義昭が信長に降伏。室町幕府解体 8～9月、朝倉義景・浅井長政が相次いで死亡
天正2	1574	47	1月、松永久秀の信長への降伏後、多聞山城に城代として入城する 7月、光秀、幽斎らとともに河内方面を転戦	7～9月、信長が伊勢長島を攻める
天正3	1575	48	6月、信長より、丹波攻めを命じられる 7月、惟任姓を与えられ、日向守に任官。以後、惟任日向守光秀と名乗る	

			8月、越前一向一揆攻めに参加	
			11月、荻野（赤井）直正の丹波黒井城を包囲	11月、丹波国の荻野直正が、織田方・但馬竹田城を攻める
			12月、丹波国内に徳政令を発布。 この頃より幽斎が光秀の与力になる	
天正4	1576	49	1月、丹波黒井城を攻めるが、八上城主波多野秀治の裏切りにより退却	義昭、毛利領の鞆に亡命する
			2月、丹波国内を調略し、丹波に再出陣	別所長治が波多野秀治に呼応して、信長から離反
			4月、石山本願寺攻めに参加	
			5月、織田方が本願寺勢に大敗、光秀が天王寺砦で孤立するが、窮地を脱する	
			5月、病にかかり京都に戻る	
			この頃、大和国の筒井順慶が光秀の与力となる	
			11月、光秀の妻・煕子が病死	
			丹波亀山城の築城を開始	
天正5	1577	50	2月、紀州雑賀攻めに参加	8月、松永久秀・久通が信長から離反
			10月、細川幽斎・筒井順慶らとともに、松永方の拠点・大和片岡城を攻略。久秀を信貴山城に攻め、自刃させる	
			丹波攻めの拠点として、亀山城の築城を開始	
天正6	1578	51	4月、丹波に再出陣、細工所城（荒木城）の荒木氏綱を降伏させる	4月、信長が右大臣と右近衛大将の職を辞任
			5月、播磨に向かい秀吉の上月城攻めに参加	
			8月、娘の玉を細川忠興に嫁がせる	10月、荒木村重・村次（光秀の娘婿）父子が信長から離反、摂津国内で謀叛を起こす
			10月、荒木村重・村次討伐のため、摂津茨木城の攻めに参加	

			12月、播磨方面に移動、荒木勢と有馬郡三田で戦う	
			12月、丹波国へ進み、波多野秀治の八上城を包囲	
天正7	1579	52	2月、坂本城より丹波亀山城へ移動する	
			4月、八上城を包囲。城内に多数の餓死者が出る	
			6月、丹波八上城主、波多野秀治を降伏させ、身柄を安土へ移す	
			7月、丹波宇津城を攻め落とす	
			8月、丹波黒井城を攻め、陥落させる。横山城を陥落させ、福知山城として改築	
			9月、丹波国領城を攻め、陥落させる	
			10月、安土城の信長に丹波平定を報告。丹波一国の支配を認められる	
			11月、荒木村重が立て籠もる摂津有岡城の包囲戦に加わる	細川幽斎らが丹波の反信長方・一色義道を滅ぼす
天正8	1580	53	9~10月、滝川一益とともに、大和国の支配に携わる	8月、信長、細川藤孝に丹後国、筒井順慶に大和国を与える(光秀与力の勢力範囲拡大)
天正9	1581	54	2月、信長の馬揃えに、大和・山城衆を率いて三番衆として参加する	
			6月、明智家中軍法を制定する	
			12月、明智家中法度を制定する	
天正10	1582	55		2月、信長が三好康長に長曾我部攻め、光秀・細川忠興・筒井順慶に武田攻めの出陣準備を命ずる
				3月2日、信長の嫡男・信忠が武田方の高遠城を攻め落とす
			3月4日、信長の武田攻めに従軍するため、坂本城を出陣する	3月5日、信長が武田攻めのため、安土城を出陣
				3月11日、武田勝頼が自害し、甲斐武田氏が滅亡する
				4月、信長一行諏訪を出立。富士山を見物し、家康領を通って安土に帰城

5月14日、安土に逗留する徳川家康の饗応役を命じられる	5月4日、信長に三職（太政大臣、関白、征夷大将軍）推任を勧める勅使が安土城を訪れる
	5月15日、家康主従が安土に到着
5月17日、信長より饗応の任を解かれ、中国への出陣を命じられる	
5月26日、中国出陣のため、丹波亀山城に入る	5月21日、家康主従が上方遊覧のために安土を発ち、京・大坂に向かう
5月27日、愛宕山に参詣し、三度くじを引く	
5月28日、愛宕山にて連歌会「愛宕百韻」を催す。「ときは今 あめが下しる 五月かな」を詠む。亀山城に戻る	5月29日、信長が安土を発つ。家康が堺に入る
6月1日、信長への反逆を決意し、亀山城を出陣	6月1日、信長が本能寺で茶会を開催。朝廷の重鎮たちをもてなす
6月2日早朝、桂川を渡り本能寺で信長を討ち、ついで昼頃、二条御所の信忠を攻める。午後近江へ移動し、坂本に引き上げる	6月2日、家康が堺から京へ向かう途上で本能寺の変を知り、伊賀越えを図る
細川幽斎や筒井順慶らに使いを出し、連携を試みる	
6月4日、明智軍が佐和山城・長浜城を攻略し、近江を平定する	6月4日、家康が岡崎城に帰着
6月5日、安土城に入城する	6月5日、光秀の娘婿津田信澄が、大坂にいた信長の子・信孝に誅殺される
6月7日、安土で誠仁親王の使者としてやって来た吉田兼見に謁見する	
6月8日、摂津攻めのため安土を出立する	
6月10日頃、細川幽斎・筒井順慶が明智方につかない姿勢を明らかにする	6月11日、羽柴秀吉が摂津尼崎に着陣。信孝や池田恒興と連携する
6月13日、山崎合戦で光秀軍と秀吉軍が戦い、光秀軍が敗れる。光秀は勝龍寺城に逃れる	
同日、坂本へ向かう途中、醍醐・山科周辺で落ち武者狩りに遭い落命する	
6月14日、坂本城が堀秀政に攻められ落城。光秀の妻子・一族が自害する	
6月16日、光秀の首が焼失後の本能寺に晒される	6月27日、清須会議が開かれ、光秀の所領地の分配と織田家の後嗣が取り決められる

■参考文献

【史料】…以下、6点は国立国会図書館デジタルライブラリーで閲覧可能
『史籍集覧.第13冊』所収「惟任退治記」(近藤瓶城編、近藤出版部)
『緜考輯録』(小野景湛等編、国立国会図書館蔵)
(注:『緜考輯録』は『細川家記』の別名)
『史籍雑纂.第2』所収「当代記」(国書刊行会編、国書刊行会)
『明智軍記』(二木謙一校注、新人物往来社)
『信長公記』(奥野高広・岩沢愿彦校注、角川書店)
『日本史』(松田毅一・川崎桃太訳、中央公論社)

【研究書】
『明智光秀』(高柳光寿著、吉川弘文館)
『真説 本能寺』(桐野作人著、学習研究社)
『織田信長 最後の茶会「本能寺の変」前日に何が起きたか』(小島毅著、光文社)
『証言 本能寺の変:史料で読む戦国史』(藤田達生著、八木書店)
『検証本能寺の変』(谷口克広著、吉川弘文館)
『信長と十字架——「天下布武」の真実を追う——』(立花京子著、集英社)
『本願寺教如の研究』(小泉義博著、法藏館)
『本能寺の変 信長の油断・光秀の殺意』(藤本正行著、洋泉社)
『しぶとい戦国武将伝』(拙著、河出書房新社)
『完全制覇 戦国合戦史』(拙著、立風書房)
『完全制覇 関ヶ原大合戦』(拙著、立風書房)
『家康・秀忠・家光 徳川三代の戦略と戦術』(拙著、成美堂出版)

【雑誌】
『別冊歴史読本1989年11月号——明智光秀』(新人物往来社)
『別冊歴史読本1994年54号——完全検証 信長襲殺害』(新人物往来社)
※以下は著者担当記事の一部を再構成
『歴史人(2015年7月号)——本能寺の変』、『歴史人2016年4月号——信長と光秀』、『歴史人(2016年12月号)——信長の「天下布武」と抵抗勢力』、『歴史人(2018年7月号)——信長と光秀 本能寺の変の謎』、『歴史人(2019年7月号)——本能寺の変の真実』、『歴史人(2019年11月号)——敗者の日本史』(ともにKKベストセラーズ)

本書は、本文庫のために書き下ろされたものです。

外川　淳（とがわ・じゅん）

歴史アナリスト。1963年、神奈川県生まれ。早稲田大学文学部日本史学専修卒。歴史雑誌の編集者を経て歴史アナリストに。戦国から幕末維新までの軍事史を得意分野とし、徹底した史料の調査と、史跡の現地検証によって歴史の真実を再構築しながら、わかりやすく解き明かす手法が歴史ファンの支持を集める。

現在は、歴史ファンとともに城郭・台場・城下町を巡る「歴史探偵倶楽部」を主宰するほか、書籍や歴史雑誌を中心に執筆活動を行う。主な著書に『江戸・東京 幕末・維新の「事件現場」』（SBビジュアル新書）、『愛蔵版　地図から読み解く戦国合戦』（ワック）、『早わかり戦国史』『城下町・門前町・宿場町がわかる本』（以上、日本実業出版社）などがある。

知的生きかた文庫

明智《あけち》光秀《みつひで》の生涯《しょうがい》

著　者　外《と》川《がわ》　淳《じゅん》
発行者　押鐘太陽
発行所　株式会社三笠書房
〒一〇二―〇〇七二　東京都千代田区飯田橋三―三―一
電話〇三―五二二六―五七三四〈営業部〉
　　〇三―五二二六―五七三一〈編集部〉
http://www.mikasashobo.co.jp
印刷　誠宏印刷
製本　若林製本工場

ISBN978-4-8379-8627-0 C0121

知的生きかた文庫

心配事の9割は起こらない
枡野俊明

余計な悩みを抱えないように、他人の価値観に振り回されないように、無駄なものをそぎ落として、限りなくシンプルに生きる——禅が教えてくれる、48のこと

気にしない練習
名取芳彦

「気にしない人」になるには、ちょっとした練習が必要。仏教的な視点から、うつうつ、イライラ、クヨクヨを〞放念する〞心のトレーニング法を紹介します。

超訳 般若心経 〝すべて〞の悩みが小さく見えてくる
境野勝悟

般若心経には、〝あらゆる悩み〞を解消する知恵がつまっている。小さなことにとらわれず、毎日楽しく幸せに生きるためのヒントをわかりやすく〝超訳〞で解説。

超訳 孫子の兵法 「最後に勝つ人」の絶対ルール
田口佳史

ライバルとの競争、取引先との交渉、トラブルへの対処……孫子を知れば、「駆け引き」と「段取り」に圧倒的に強くなる！　ビジネスマン必読の書！

Q&Aでわかる 天皇と皇室
大角 修【編著】

皇位継承、改元、公務、宮中祭祀、暮らし、経済、歴史…など日本人なら知っておきたい、世界に誇れる「皇室文化」を総まとめ。Q&Aでたちまち身につく！

C50383